Für meinen Bruder Andreas,
der während der Entstehung dieses Buches
die schwerste Zeit seines Lebens durchgemacht hat.

WIR SIND SEHR GLÜCKLICH,
DASS DU WIEDER GESUND BEI UNS AM TISCH SITZT!

Koch Genuss

KÖSTLICHKEITEN AUS ÖSTERREICH
FÜR ALLE JAHRESZEITEN

140 GELINGSICHERE REZEPTE
von
CookingCatrin

CATRIN NEUMAYER | CARLETTO FERRARI

Frühling

Grundrezepte

Sommer

Grundrezepte

Herbst

Kleinigkeiten & Vorspeisen

Suppen & Hauptgerichte

Mehlspeisen & Süßes

Grundrezepte

Winter

Grundrezepte

Meine Saisonenküche

Es schmeckt dann am besten, wenn die Zeit reif dafür ist!

In Wahrheit dreht sich doch alles um das Eine: Gutes, gemeinsames Essen. Trotz aller Ernährungstrends und ständig wechselnder internationaler Einflüsse tut unserer Seele einfach das gut, was schmeckt. Dieses Buch entstand aus der Motivation heraus, den Geschmack der Saisonen und das Bewusstsein für die Jahreszeiten wieder hervorzukehren. Im Sommer Schwammerl klauben und Walderdbeeren naschen, die frisch gegrabenen Erdäpfeln mit Salz und Butter im Herbst, in der Adventszeit vom Duft der Kekserl aus dem Bett gelockt werden oder im Frühling die ersten frischen Kräuter, den fruchtig-herben Rhabarber oder dicke Spargelstangen am Markt kaufen. Das ist Geschmack und Emotion pur!

Als Mama wird das Bewusstsein und die Erinnerung an diese Geschmacksmomente der Kindheit noch intensiver, denn so verbindet man Regionen und Zeiten mit bestimmten Gefühlen oder Düften. Dieses Buch soll den Bogen zwischen Omas Rezeptschatz und der modernen, schnellen Alltagsküche spannen. Althergebrachte, entstaubte und kreativ interpretierte Gerichte, die jedermann umsetzen kann. Raffiniert kombiniert und serviert, sodass Ihre Gäste staunen werden. (Grund-)Zutaten, die jeder zu Hause hat, viele regionale Produkte wie Polenta, Erdäpfel, Topfen usw. sind mir genauso wichtig wie ein bewusster Umgang mit Lebensmitteln. Mit Tipps, Tricks und Küchenkniffen möchte ich Ihnen meine bodenständig-innovative Art zu kochen, die von kreativen Zutatenkombis abgerundet wird, näherbringen.
Ich lade Sie ein, sich selbst etwas Gutes zu tun und meinem italienischen Lieblingssprichwort zu folgen: „Mangia Bene - Ridi Spesso – Ama molto" was so viel heißt wie: Iss gut, lache oft & liebe viel!

In diesem Sinn wünsche Ich Ihnen genüssliche Koch-Momente und sage Mahlzeit!

CookingCatrin

Frühling

Curry Eierspeis'

mit Petersilmus

Frühstücksliebling

2 Portionen | Zeit: 10 Minuten

Zutaten

2 Scheiben Weißbrot
1 Zwiebel
etwas Olivenöl (für die Pfanne)
3 Eier (Größe L)
½ TL Currypulver
1 Messerspitze Chili
½ TL gemahlener Ingwer (optional)
¼ Bund Radieschen
¼ Bund Petersilie
1 EL Petersilmus
Rezept Petersilmus siehe Seite 32

Zubereitung

Die Zwiebel putzen und fein hacken. Die Eier mit dem Currypulver, dem Chili und optional etwas geriebenem Ingwer gut verquirlen.

Etwas Olivenöl in einer Pfanne erhitzen und die Zwiebel darin anrösten. Die Eiermischung dazugeben und mit einer Gabel verquirlen, bis das Ei zu stocken beginnt. Von der Hitze nehmen. Die Brote kurz im Ofen oder in der Pfanne rösten. Die Eierspeise auf zwei geröstete Weißbrotscheiben verteilen und mit den Radieschen sowie mit frischer, gehackter Petersilie und Petersilmus bestreut noch warm servieren.

Catrin's Tipp

Etwas gemahlener Ingwer sorgt für einen besonderen Geschmackskick!

Lieblingsbrot

sättigend

Vollkornbrot aus Roggen- & Dinkelmehl

Für Brotteige braucht man eine leistungsstarke Küchenmaschine. Die Kenwood Chef Titanium ist ideal für das Kneten von Brotteig in großen Mengen. Der Teig kann in der Edelstahl- oder Glasschüssel im Ofen aufgehen.

1 Laib Brot | Zeit: 1 Stunde 20 Minuten (ohne Ruhezeit)

Zutaten

600 ml lauwarmes Wasser
10 g Germ (frisch)
400 g Dinkel-Vollkornmehl (griffig)
400 g Roggen-Vollkornmehl
40 ml Sojasauce
3 EL Mohn
3 EL Kürbiskerne (geschrotet)
3-4 EL Sonnenblumenkerne
2 TL Brotgewürz
½ TL Salz
etwas Butter für die Form

optional: Samen, Haferflocken, Chia-Samen, Sesam ...

Zubereitung

Den Ofen auf 200 °C Heißluft vorheizen. Den Germ mit lauwarmem Wasser verrühren. Das Mehl mit der Sojasauce in eine Schüssel geben und mit der Wasser-Germ-Mischung verkneten. Luftdicht verschließen (am besten mit Folie abdecken) und für rund eine Stunde an einem warmen Ort aufgehen lassen.

Den Teig aus der Schüssel nehmen und auf einer bemehlten Arbeitsfläche kurz durchkneten. Anschließend die Kürbiskerne, den Mohn und die Sonnenblumenkerne einkneten. Mit Brotgewürz und einem halben Teelöffel Salz würzen.

Einen ofenfesten Topf mit 24 Zentimetern Durchmesser oder zwei kleine Töpfe ausbuttern und den Brotteig hineingeben. Das Brot mit Deckel für 30 Minuten im vorgeheizten Ofen backen. Den Deckel entfernen und nochmals 30 Minuten weiterbacken.

Catrin's Tipp

Das Brot kann mit verschiedenen Samen und Körnern je nach Geschmack verfeinert werden.

Knusprige Spargelbrote

mit Tomaten, pochiertem Ei & Pesto

Snack

2 Portionen | Zeit: 35 Minuten

Zutaten

4 Scheiben Schwarzbrot
3-4 EL Olivenöl
100 g Frischkäse Natur
8 Stangen weißer Spargel
8-10 Cocktailtomaten
4 Eier
einen Schuss Apfel- oder Weißweinessig
Salz & Pfeffer
½ Bund Petersilie

Petersilienpesto

2 Zehen Knoblauch
50 g Pinienkerne
¾ Bund Petersilie
80 ml Olivenöl
Salz & Pfeffer

Zubereitung

Den Spargel schälen, die holzigen Enden abschneiden und in reichlich gesalzenem und etwas gezuckertem Wasser kochen.
Alternativ im Miele Dampfgarer bei 100 °C für zwölf Minuten dämpfen.

Für das Petersilienpesto den Knoblauch schälen und in Scheiben schneiden. Die Petersilie waschen und grob hacken. Mit den Knoblauchzehen, den Pinienkernen, dem Öl, dem Salz und dem Pfeffer in eine tiefe Schüssel geben. Mit dem Stabmixer zu Pesto pürieren.

Eier pochieren: Einen halben Liter Wasser in einem Topf zum Simmern bringen, einen Schuss Essig hinzugeben. Die rohen Eier für zehn Sekunden ins kochende Wasser geben. Herausnehmen und in eine Tasse aufschlagen. Mit einem Kochlöffel das Wasser umrühren, sodass ein Strudel entsteht. Das Ei vorsichtig in das Wasser gießen und für drei Minuten im simmernden Wasser pochieren. Mit einer Schaumkelle aus dem Wasser nehmen. Den Vorgang mit den restlichen Eiern wiederholen. Alternativ können die Eier im Dampfgarer pochiert werden. Dafür Kaffeetassen ausbuttern, die rohen Eier einfüllen, salzen und pfeffern und im Dampfgarer bei 100 °C für drei bis vier Minuten dämpfen.

Den Backofen auf 175 °C Heißluft vorheizen. Die Cocktailtomaten waschen und vierteln. Die Brotscheiben mit Olivenöl bestreichen und für fünf Minuten im vorgeheizten Backofen bei 175 °C Heißluft rösten. Die Brotscheiben mit Frischkäse bestreichen. Je drei Spargelstangen auf die Brotscheiben legen. Das Petersilienpesto und die geviertelten Tomaten darauf verteilen. Je ein pochiertes Ei auf die Brote legen, mit Salz und Pfeffer würzen und mit einigen Blättern und frischer Petersilie garniert servieren.

Rezept Vollkornbrot siehe Seite 14

Catrin's Tipp

Wird der Spargel im Miele Dampfgarer zubereitet, wird er schonend und gleichmäßig gedämpft, kann nicht überkocht werden und behält sein intensives Eigenaroma.

Frühlingsnudelsalat

mit Käse, Radieschen & Apfel-Zitronen-Dressing

gut vorzubereiten

4 Portionen | Zeit: 20 Minuten

Zutaten

400 g Pasta (z.B. Penne, Zöpfli oder Spiralen)
125 g würziger Käse (z.B. Bergkäse)
100 g Radieschen
2 Frühlingszwiebeln
2 Äpfel (groß)
100 g frischer Spinat
4 EL Pinienkerne

Dressing

8 EL milder Apfelessig
Saft ½ Zitrone
1,5 TL milder Senf
6 EL Olivenöl
Kräutersalz & Pfeffer

Zubereitung

Die Pasta in reichlich gesalzenem Wasser garen.

Den Käse vom Rand befreien und klein würfeln. Die Radieschen waschen, putzen und in Stifte schneiden. Die Frühlingszwiebeln waschen, putzen und in feine Ringe schneiden. Die Äpfel waschen, vom Kerngehäuse befreien und fein würfeln. Den frischen Spinat kurz waschen und abtropfen lassen. Die Pinienkerne in einer Pfanne kurz anrösten.

Für das Dressing alle Zutaten in ein Gefäß geben und durchmixen.

Die gekochte, etwas ausgekühlte Pasta in eine Schüssel geben. Die Radieschenstifte, Apfelwürfel, Käsewürfel, Frühlingszwiebeln und gerösteten Pinienkerne hinzugeben. Den Spinat ebenfalls untermischen. Alle Zutaten miteinander vermischen, das Dressing unterheben und vor dem Servieren im Kühlschrank für rund 30 Minuten oder über Nacht durchziehen lassen.

Catrin's Tipp

Der Nudel-Käse-Salat eignet sich auch sehr gut zum Mitnehmen und schmeckt besser, wenn er ein paar Stunden im Kühlschrank durchziehen kann.

Rustikaler Bauernsalat

herzhaft

mit Speck, gerösteten Erdäpfeln, Spinat & Ei

4 Portionen | Zeit: 40 Minuten

Zutaten

500 g Erdäpfel
300 g frischer Spinat
100 g Vogerlsalat
1 kleiner Bund Radieschen
4 Eier
150 g luftgetrockneter Speck
1 große oder 2 kleine rote Zwiebeln
3 El Öl (für die Rösterdäpfel)
6 EL Kürbiskernöl
1 TL Mautner Markhof Estragon Senf
6 EL Mautner Markhof Hesperidenessig
1 Schuss Mautner Markhof Hesperidenessig (zum Eier pochieren)
Salz & Pfeffer

Zubereitung

Für die Rösterdäpfel die Erdäpfel in gesalzenem Wasser oder im Dampfgarer weich garen, schälen und in Scheiben schneiden. Die Zwiebel schälen, halbieren und in Ringe schneiden. Das Öl in einer Pfanne erhitzen, die Zwiebelringe mit den Erdäpfeln darin knusprig rösten. Die Eier pochieren.

Die Radieschen waschen und putzen und in Scheiben schneiden. Den Spinat und den Vogerlsalat zusammen mit dem Speckstreifen anrichten. Mit Salz und Pfeffer abschmecken.

Hesperidenessig mit Senf glattrühren. Den Salat mit Kürbiskernöl und der Essig-Senf-Mischung marinieren. Die pochierten Eier hinzugeben. Tipp: Den Salat sofort servieren, damit die pochierten Eier und die Erdäpfel noch warm sind.

Rezept pochierte Eier siehe Seite 16

Hundsknofelsuppn

Bärlauchcremesuppe mit Croutons

ein Klassiker

Mindestens so viel Freude wie frühlingsfrische Bärlauchgerichte macht auch die gemeinsame Ernte. Raus mit den Kindern in den Wald, das Mittag- oder Abendessen selbst pflücken. In der Nähe von Laubwäldern fühlt sich Bärlauch auf feuchten, nährstoffreichen Böden und sonnigen Plätzen am wohlsten.

4 Portionen | Zeit: 30 Minuten

Zutaten

1 Zwiebel
3 EL Olivenöl
850 ml Gemüsesuppe
150 g frischer Bärlauch
3 große Erdäpfel
150 g Crème fraîche
Salz & Pfeffer
Croutons/altbackenes Brot
1 EL Butter

Zubereitung

Die Zwiebel schälen und fein würfeln. Die Erdäpfel schälen und klein würfeln. Den Bärlauch gründlich waschen und in feine Streifen schneiden. Zwei Esslöffel zur Seite stellen.

Etwas Olivenöl in einer Pfanne erhitzen und die Zwiebelwürfel darin glasig dünsten. Die Erdäpfelstücke dazugeben und kurz anrösten. Mit der Gemüsesuppe aufgießen. Den Bärlauch dazugeben und für circa 15 Minuten auf mittlerer Stufe köcheln lassen.
In der Zwischenzeit die Butter in der Pfanne schmelzen, die Croutons kurz in der Butter schwenken und von allen Seiten knusprig anrösten.

Die Suppe fein pürieren. Die Crème fraîche dazugeben, mit Salz und Pfeffer abschmecken und nochmals aufmixen. Die Suppe in Schüsseln füllen und mit gerösteten Croutons und etwas frischem Bärlauch garniert servieren.

Catrin's Tipp

Croutons sind eine gute Resteverwertung für altbackenes Brot.

Mageres Meisel in Ochsenschlepp

Nose to Tail

Rindsuppe mit Fleischeinlage

4 bis 6 Portionen | Zeit: 6 Stunden

Zutaten

1 Stange Lauch (alternativ:
2 Frühlingszwiebeln)
4-5 Karotten
2 Stk. Petersilienwurzel
½ Bund Petersilie
1 Knolle Sellerie
(entspricht: ca. 40 g)
1 große Zwiebel
2 Zehen Knoblauch
2 EL Öl
1 kg Ochsenschlepp
1,8 l Wasser
Salz & Pfeffer
Liebstöckel und
ein paar Wacholderbeeren
ein Schuss Cherry (zum
Verfeinern) & Bouillon
700 g mageres Meisel

Zubereitung

Das Gemüse (außer die Zwiebel) waschen und putzen und anschließend in mundgerechte Stücke schneiden. Die Zwiebel mit Schale halbieren. Den Ochsenschlepp (in Stücken) waschen und trocken tupfen. Etwas Öl in einem großen Bräter erhitzen und den Ochsenschlepp darin von allen Seiten goldbraun anbraten. Das Fleisch in einen großen Topf geben. Das Gemüse und die Zwiebel mit der Schale in etwas Öl gut anrösten und zum Ochsenschlepp geben. Mit der Hälfte des Wassers aufgießen, die Gewürze und den Cherry hinzufügen und für mindestens zweieinhalb Stunden auf mittlerer Stufe köcheln lassen. Dazwischen immer wieder den Schaum abschöpfen. Die Suppe entfetten (am besten mit einer Kanne oder auskühlen lassen), in einen neuen Topf gießen und vor dem Servieren mit Salz und Pfeffer (und optional mit etwas Gemüsebouillon) abschmecken.

Das Gemüse aus der Suppe nehmen, nochmals mit dem restlichen Wasser aufgießen. Das magere Meisel in die Suppe geben und die Suppe für weitere zweieinhalb bis drei Stunden auf geringer Hitze köcheln lassen. Anschließend das Meisel aus der Suppe holen, das Gemüse nochmals zur Suppe geben und erhitzen. Das Meisel in Stücke schneiden. Das Meisel zusammen mit der Suppe und reichlich Gemüse servieren.

Catrin's Tipp

Das Meisel kann mit dieser Zubereitung auch als Tafelspitz serviert werden.
Dazu dann geröstete Erdäpfel, Apfel- und Semmelkren reichen.

Nauscherl Murken Suppn

Paprika-Karotten-Suppe mit pochiertem Ei

nährstoffreich

4 Portionen | Zeit: 30 Minuten

Zutaten

500 g Karotten
3 große Paprika (rot und gelb)
1 große Zwiebel
1 Zehe Knoblauch
4 EL Olivenöl
1 EL brauner Zucker
600 ml Gemüsesuppe
4 Eier
ein Schuss Apfel- oder Weißweinessig
100 g Sauerrahm
Salz & Pfeffer
½ Bund Koriander (gehackt)
2 EL Pinienkerne

Zubereitung

Die Karotten putzen, schälen und in Scheiben schneiden. Die Paprika waschen, halbieren und putzen und in mundgerechte Stücke schneiden. Die Zwiebel und den Knoblauch schälen und fein würfeln. Etwas Olivenöl in einem Topf erhitzen. Die Zwiebel- und Knoblauchwürfel darin glasig dünsten. Die Gemüsestücke hinzugeben und für rund fünf Minuten unter Rühren auf mittlerer Hitze anrösten. Braunen Zucker darüber geben und diesen kurz karamellisieren. Mit der Gemüsesuppe aufgießen und auf mittlerer Hitze für circa 20 Minuten einkochen lassen.

Mit einem Pürierstab fein pürieren und anschließend den Sauerrahm hinzugeben. Die Suppe mit Salz und Pfeffer abschmecken und nochmals aufschäumen. Die Suppe in Tellern oder Schüsseln anrichten. Mit pochierten Eiern und gerösteten Pinienkernen sowie dem gehackten Koriander garniert servieren.

Rezept pochierte Eier siehe Seite 16

Die Natur erwacht …

Grüne Spargelsuppe

cremig & fein

mit Spargelspitzen & Ei

Es gibt in Österreich wenige ausgewählte Standorte, wo sich Spargel anbauen lässt. Er braucht sandige Böden und Wärme. Im südlichen Kärnten und im Marchfeld fühlt er sich besonders wohl. Grüner Spargel wächst über der Erde und muss nicht geschält werden.

4 Portionen | Zeit: 25 Minuten

Zutaten

Petersilmus

2 Bund frische Petersilie
10 EL Olivenöl
1 EL Pinienkerne
2 Knoblauchzehen
Saft ½ Zitrone
Salz & Pfeffer

Suppe

2 EL Olivenöl
850 g grüner Spargel
1 Zwiebel (groß)
2 Knoblauchzehen
800 ml Gemüsesuppe
Salz & Pfeffer

zum Servieren

100 g LAND-LEBEN Backerbsen
Saft 1 Limette

optional: 4 gekochte Eier

Zubereitung

Für das Petersilmus die Pinienkerne kurz ohne Fett in einer beschichteten Pfanne anrösten. Die Petersilie waschen, von den Stielen befreien und hacken. Den Knoblauch schälen und fein hacken. Die fein gehackte Petersilie mit dem Olivenöl, den Pinienkernen und den Knoblauchzehen pürieren. Mit Salz und Pfeffer würzen. Mit dem Saft einer halben Zitrone abschmecken und erneut pürieren. Das Petersilmus in ein verschließbares Glas füllen.

Für die Suppe den Spargel waschen, die holzigen Enden abschneiden. Die Spargelstangen in Stücke schneiden, dabei die Hälfte der Spargelspitzen beiseite stellen. Die Zwiebel schälen und fein hacken. Die Knoblauchzehen schälen und fein hacken.

Das Olivenöl in einem Topf erhitzen. Die Zwiebel- und Knoblauchwürfel darin glasig dünsten. Die Spargelstücke hinzugeben und kurz mitrösten. Mit Gemüsesuppe aufgießen, zwei große Esslöffel Petersilmus hinzufügen und rund zehn bis zwölf Minuten köcheln lassen, bis der Spargel gar ist. Die Suppe in einem Mixer gut pürieren, bis sie eine fein-cremige Konsistenz hat. Mit Salz und Pfeffer würzen und nochmals pürieren.

Die restlichen Spargelspitzen kurz in etwas Olivenöl in einer Pfanne schwenken. Die Suppe in Schüsseln anrichten und mit frisch gepresstem Limettensaft beträufeln. Mit den Spargelspitzen, reichlich frischen Kräutern und Backerbsen servieren.

Catrin's Tipp

Wer mag, kann die Suppe mit einem Achtel Weißwein verfeinern.
Dafür das Gemüse nach dem Anschwitzen ablöschen.

… dazu passen gekochte Eier.

Schnelle Kasnudel

modern

Frühlingspasta – zweifach gefüllt

Die Nationalspeise Kärntens, leichter und moderner interpretiert und schnell gemacht. Der Teig ist mit einer starken Küchenmaschine wie der Kenwood Chef Titanium mit dem Knethaken blitzschnell gemacht. Anschließend bemehlen und mit der Kenwood Pastawalze zu gleichmäßigen Teigsträngen weiterverarbeiten, füllen, fertig.

4 Portionen | Zeit: 1 Stunde

Zutaten

Teig (Nudel-/Pastateig)
500 g Mehl (glatt)
250 ml Wasser
3 EL Öl
etwas Mehl für die Arbeitsfläche

Topfen-Erdäpfel-Füllung
250 g Erdäpfel
1 Zwiebel
250 g Bröseltopfen
(alternativ Cremetopfen)
wenig Minze (gehackt)
¼ Bund Petersilie
etwas Zitronenthymian
(gehackt)
Salz & Pfeffer

moderne Füllung
1 Schnitte Butter
2 Zehen Knoblauch
100 g Spinat (blanchiert)
60 g Erdäpfel (gekocht)
100 g Fetakäse
1 EL Topfen
Salz & Pfeffer

Zubereitung

Für die klassische Füllung die Erdäpfel waschen und gar kochen. Dann abseihen, schälen und durch eine Erdäpfelpresse drücken. Die Zwiebel schälen und fein hacken. Butter in einer Pfanne schmelzen, die Zwiebel darin anrösten. Die Zwiebel mit den Erdäpfeln, dem Topfen, den Kräutern und dem Salz vermischen.

Für die Spinatfüllung den Knoblauch schälen und fein hacken. Den Spinat blanchieren und gut ausdrücken. Die Kartoffeln kochen, schälen und fein pressen. Alle Zutaten miteinander vermischen und kurz rasten lassen. Ist die Füllung zu weich, noch etwas Kartoffel hinzufügen.

Das Mehl mit dem Wasser, dem Öl und einer Prise Salz zu einem glatten Teig verkneten. Den Teig auf einer bemehlten Arbeitsfläche länglich mit einer Pastawalze mehrfach gleichmäßig ausrollen. Mit einem kleinen Eisportionierer gleich große Kugeln der Füllung mittig auf den ausgerollten Teigstrang setzen. Den Teig über die Füllung schlagen. Mit einem Glas gleich große Kreise aus dem gefüllten Teig ausstechen und mit den Fingern etwas andrücken. Für die schnelle Variante mit den Zacken einer kleinen Gabel die Ränder verschließen. Alternativ die Nudeln krendeln (kärntnerisch für: die Teigränder eingedreht verschließen, sodass ein ornamentaler Teigrand entsteht).

Die Nudeln in siedendem, gesalzenem Wasser für ein paar Minuten blanchieren, in geräuchertem Olivenöl schwenken und sofort noch heiß servieren.

Dazu passt ein grüner oder gemischter Salat.

Catrin's Tipp

Der Nudelteig ist ein Grundteig für alle Sorten gefüllter Pasta wie z.B.: Ravioli, Tagliatelle oder ähnliche. Er lässt sich beliebig modern oder traditionell füllen.

Knusperspargel

mit Ofen-Erdäpfeln & Zitronen-Joghurt-Dip

raffiniert

4 Portionen | Zeit: 1 Stunde

Zutaten

800 g Spargel
500 ml Öl
Salz & Pfeffer
100 g Mehl
2 Eier
100 g Brösel
4-5 EL Olivenöl

Erdäpfel-Wedges

800 g Erdäpfel
1,5-2 EL Olivenöl
1-2 EL Paprikapulver
1 EL Pommes-Gewürz
Pfeffer

Zitronen-Joghurt-Dip

100 g Joghurt
100 g Mascarpone
Saft ½ Bio-Zitrone
Zesten ½ Bio-Zitrone
Salz & Pfeffer
100 g Vogerlsalat
5 EL Apfelessig
5 EL Sonnenblumenöl
Salz & Pfeffer

Zubereitung

Für den Dip eine halbe Bio-Zitrone heiß waschen, den Saft auspressen und die Schale abreiben. Das Joghurt mit der Mascarpone, dem Saft und den Zesten einer halben Zitrone glattrühren. Mit Salz und Pfeffer abschmecken. Den Dip bis zur weiteren Verwendung im Kühlschrank kalt stellen.

Die Erdäpfel waschen, putzen und in Wedges schneiden. Mit Pfeffer, Paprika und Pommes-Gewürz würzen. Die Erdäpfel-Wedges im vorgeheizten Backofen bei 180 °C Heißluft für 40-45 Minuten knusprig backen.

Den Spargel schälen, die holzigen Enden abschneiden. Mehl, verquirlte Eier und Brösel in je einer Schüssel vorbereiten. Den Spargel im Mehl wenden, durch die Eier ziehen und in den Bröseln wälzen. Den Paniervorgang wiederholen: Den Spargel erneut durch die Eier ziehen und in den Bröseln wenden. 500 Milliliter Öl in einer Fritteuse erhitzen und den panierten Spargel darin knusprig ausbacken.

Die gebackenen Spargelstangen mit den Erdäpfel-Wedges und einem frischen Salat anrichten. Mit dem Dressing beträufeln und mit dem Zitronen-Joghurt-Dip servieren.

Catrin's Tipp

Am besten dicke Spargelstangen (Solospargel) zum Panieren verwenden.

Frühlingsquiche

mit Erbsen & Spinat

vielseitig

Quiche ist eines meiner persönlichen Lieblingsgerichte. Der Mürbteig kann schon am Vortag oder am Morgen zubereitet und bis zur weiteren Verarbeitung in Folie gewickelt im Kühlschrank aufbewahrt werden. Quiche lässt sich vielseitig füllen und schmeckt sowohl als warmes Hauptgericht sowie kalt als Jause.

4 Portionen | Zeit: 40 Minuten

Zutaten

Mürbteig

150 g Butter (kalt)
250 g Mehl
2 Eier
Salz

Füllung

2 Eier
300 g Crème fraîche
(alternativ Sauerrahm)
150 g frischer Spinat
100 g Erbsen
Kräutersalz & Pfeffer

Zubereitung

Für den Mürbteig die kalte Butter würfeln, mit Mehl, Salz und zwei Eiern zu einem Teig verkneten. Für eine halbe Stunde kühl stellen.

Den Teig auf einer bemehlten Arbeitsfläche rund ausrollen. Eine runde Quiche- oder Tarteform damit auslegen und den Teig leicht an den Rand andrücken.

Die Eier mit der Crème fraîche aufschlagen, mit Kräutersalz und Pfeffer würzen. Den frischen Spinat waschen und trocken schütteln. Den Spinat und die Erbsen in die Form geben und mit der Ei-Mischung bedecken.

Die Spinat-Quiche im vorgeheizten Ofen bei 175 °C Heißluft für 35 bis 40 Minuten backen.

Dazu passt ein grüner Salat.

Catrin's Tipp

Quiche kann auch mit Dinkelmehl oder Dinkel-/Weizen-Vollkornmehl zubereitet werden.
Wer mag, kann die Quiche mit etwas würzigem, geriebenem Käse überbacken!

Raus in die Natur!

Bröselspargel

schnell gemacht

Spargel mit Vollkornbrösel & Radieschen

2 Portionen | Zeit: 20 Minuten

Zutaten

Spargel mit Vollkornbröseln

750 g weißer Spargel
3 EL Olivenöl
2 Eier
(wachsweich bis hart gekocht)
40 g Butter
50 g LAND-LEBEN
Vollkornbrösel
1 Handvoll
Zuckererbsenschoten
4-5 Erdäpfel
8 Radieschen
Salz & Pfeffer

Radieschen-Kräuter-Topfen-Dip

250 g Topfen
100 g Sauerrahm
¼ Bund Radieschen
1 Handvoll frische Kräuter
(z.B. Dill, Petersilie ...)
1 EL Olivenöl
Kräutersalz & Pfeffer

Zubereitung

Für den Radieschen-Kräuter-Topfen-Dip die Radieschen waschen, putzen und in feine Stifte schneiden. Die Kräuter waschen, trockenschütteln und hacken. Die Radieschen mit dem Topfen, dem Sauerrahm und den frischen Kräutern vermischen. Den Radieschen-Aufstrich mit Salz und Pfeffer würzen, mit etwas Olivenöl verfeinern und bis zur weiteren Verwendung im Kühlschrank kalt stellen.

Für die Vollkorn-Butterbrösel die Butter in einem kleinen Topf erhitzen, die Brösel dazugeben und unter Rühren anrösten.

Die Eier hart kochen. Den Spargel schälen und die holzigen Enden abschneiden. Die Erdäpfel putzen und halbieren. Die Erdäpfel gar kochen. Öl in einer Pfanne erhitzen, den Spargel darin bissfest braten und mit Salz und Pfeffer würzen.

Die Zuckererbsenschoten kurz in die Pfanne geben und ebenfalls mit Salz und Pfeffer würzen.

Die Radieschen waschen und halbieren.
Den Spargel auf zwei Teller aufteilen und die Brösel darüber verteilen. Die Eier halbieren, mit den Radieschen, den Erdäpfelhälften und den Zuckererbsenschoten zum Spargel geben.

Mit dem Dip servieren.

Catrin's Tipp

Der Dip eignet sich auch sehr gut als Aufstrich auf Brot.

... am besten zubereitet mit Land-Leben Vollkornbrösel.

Tafelspitz Carpaccio

mit Frühlingsgemüse & Rösterdäpfeln

mürb

4 Portionen | Zeit: mind. 4 Stunden

Zutaten

1 kg Tafelspitz
2 Zwiebeln
1 Lorbeerblatt
1 TL Salz
1 TL Pfefferkörner

Rösterdäpfel

400 g Erdäpfel
3-4 Frühlingszwiebeln
Salz & Pfeffer
2 EL Olivenöl

Dressing

⅛ l Olivenöl
⅛ l Apfelessig
Kräutersalz & Pfeffer

Frühlingsgemüse

4 Karotten
½ Bund grüner Spargel
½ Bund Radieschen
4-5 EL Kren (frisch gerieben)
1 EL Olivenöl

Zubereitung

Die Zwiebeln schälen und halbieren. Die Zwiebelhälften mit dem Lorbeerblatt, dem Salz und dem Pfeffer in zweieinhalb Litern Wasser aufkochen. Den Tafelspitz waschen, trocken tupfen und in das kochende Wasser legen. Zugedeckt bei mittlerer Hitze für rund eine Stunde 45 Minuten gar kochen. Den Tafelspitz anschließend für zwei bis drei Stunden (oder über Nacht) im Sud auskühlen lassen.

Für die Rösterdäpfel die Erdäpfel im gesalzenen Wasser kochen. Anschließend schälen und in Scheiben schneiden. Die Frühlingszwiebeln putzen und in Scheiben schneiden. Das Olivenöl in einer Pfanne erhitzen, die Frühlingszwiebeln darin glasig dünsten. Die Erdäpfelscheiben in die Pfanne geben und unter Rühren gut anrösten. Mit reichlich Salz und Pfeffer würzen.

Für das Frühlingsgemüse die Karotten waschen, putzen und fein würfeln. Den grünen Spargel waschen, die holzigen Enden abschneiden. Die Spargelstangen in rund zwei Zentimeter große Stücke schneiden. Etwas Olivenöl in einer Pfanne erhitzen und die Spargelstangen darin kurz anrösten. Die Karotten hinzugeben und kurz mitrösten. Die Radieschen waschen, putzen und würfeln. Das Gemüse aus der Pfanne nehmen, die gewürfelten Radieschen sowie den frisch geriebenen Kren untermischen.

Den Tafelspitz aus dem Sud nehmen und in sehr feine Scheiben schneiden. Auf Tellern anrichten und mit dem Dressing marinieren. Das Tafelspitz-Carpaccio mit den Rösterdäpfeln und dem Frühlingsgemüse servieren.

Tipp

… vom KARNERTA Fleischermeister: Der Tafelspitz kann auch warm und in Scheiben geschnitten mit den gerösteten Erdäpfeln, Semmelkren und Apfelkren serviert werden.

Frühlingsbowl

mit Spargel, Gemüse & Hummus

vegan & gesund

Bowls sind eine ideale Resteverwertung. In Schüsseln werden gegarte und rohe Zutaten angerichtet. Kombiniert mit „Toppings" wie Nüssen, Samen oder Körnern und mariniert mit einem hausgemachten Dressing darf alles in die Bowl, was der Kühlschrank hergibt.

2 Portionen | Zeit: 50 Minuten

Zutaten

Hummus

- 2 Dosen Kichererbsen
- 2-3 Knoblauchzehen
- Zesten ½ Bio-Zitrone
- 3 El Zitronensaft
- 5 El Tahini (Sesampaste)
- 6 El Olivenöl
- Salz & Pfeffer
- 1 TL Kümmel (gemahlen)

Bowl

- 8 Erdäpfel
- 8 Karotten
- ½ Kopf Blattsalat
- 1 Bund Mini-Spargel
- 2 EL Olivenöl
- 1 Faust Zuckererbsenschoten
- 2-3 EL Hummus (zum Toppen)
- 2-4 Radieschen
- Salz & Pfeffer
- 4 EL Apfelessig
- 4 EL Olivenöl
- ¼ Bund Petersilie

Zubereitung

Für den Hummus die Kichererbsen abtropfen lassen. Die Knoblauchzehen schälen und grob hacken. Die Zitrone heiß waschen. Die Zesten einer halben Bio-Zitrone abreiben und den Saft der Zitrone auspressen. Die Kichererbsen mit den gehackten Knoblauchzehen, den Zitronenzesten, dem Zitronensaft, dem Tahini und dem Olivenöl in einem Mixer pürieren. Mit Salz und Pfeffer abschmecken und nochmals kurz mixen.

Den Backofen auf 200 °C Heißluft vorheizen. Die Erdäpfel waschen und in Streifen schneiden.Die Karotten waschen, putzen und in Streifen schneiden. Den Mini-Spargel waschen und putzen. Die Karotten und die Erdäpfel auf das Backblech geben, mit zwei Esslöffeln Olivenöl marinieren und mit Salz und Pfeffer würzen. Das Gemüse im vorgeheizten Backofen bei 200 °C Heißluft für 40 Minuten knusprig backen. Nach 20 Minuten den Spargel und die Zuckererbsenschoten dazugeben und fertig backen.

In der Zwischenzeit das Dressing zubereiten. Dafür den Essig mit dem Öl gut durchmischen, mit Salz und Pfeffer würzen. Bis zur weiteren Verwendung im Kühlschrank kalt stellen.

Die Petersilie waschen und die Blätter von den Stängeln zupfen. Die Radieschen waschen, putzen und in Scheiben schneiden. Den Blattsalat auf zwei Schüsseln verteilen. Das Gemüse auf den Salaten verteilen. Die Radieschen darauf verteilen, und die Bowls mit je einem bis eineinhalb Esslöffeln Hummus toppen. Mit Salz und Pfeffer würzen und mit frischer Petersilie garniert servieren. Erst kurz vor dem Servieren mit dem Dressing marinieren.

Catrin's Tipp

Gemüse wird mariniert mit etwas Olivenöl und im Ofen geröstet zur echten Geschmacksbombe.

Lammkronen

mit Quinoa-Avocado-Minz-Salat

zart gegart

Lammkronen eignen sich zum Sous-Vide-Garen. Dafür das Lamm vakuumieren und bei 65 °C im Dampfgarer für 50 Minuten Sous-vide-garen. Vor dem Servieren kurz in der Pfanne anbraten. Das sorgt für Röstaromen.

4 Portionen | Zeit: 60 Minuten

Zutaten

ca. 750 g Lammkrone/ Lammkarree
3 EL Olivenöl
Salz & Pfeffer
2 Zweige Rosmarin

Salat
250 g Quinoa
500 ml Gemüsesuppe
1 Schuss Olivenöl
Salz & Pfeffer
2 große/3 kleinere Avocados
4-5 Blätter Minze
Saft einer Zitrone
50 g Vogerlsalat

Kräuterpesto
1 Bund Petersilie
1 Bund Schnittlauch
50 ml Olivenöl
50 g Parmesan/alternativ frisch geriebener Bergkäse
30 g Pinienkerne
Salz & Pfeffer

Zubereitung

Für das Lamm die Lammkronen waschen und trocken tupfen. Olivenöl in einer Pfanne erhitzen, die Lammkrone von beiden Seiten scharf anbraten. Mit der Fleischseite nach oben im auf 175 °C Heißluft vorgeheizten Backofen für 10-15 Minuten je nach Gargrad fertig braten.

Für das Kräuterpesto die Pinienkerne in einer Pfanne anrösten. Die Kräuter waschen. Die Petersilie von den Stielen befreien und klein hacken. Den Knoblauch schälen und fein hacken. Alle Zutaten in eine Schüssel geben und mit dem Stabmixer fein pürieren. Mit Salz und Pfeffer abschmecken.

Für den Quinoa die Gemüsesuppe erhitzen. Den Quinoa dazugeben. Zehn Minuten auf mittlerer Hitze köcheln lassen, anschließend zur Seite stellen und nochmals circa zehn Minuten quellen lassen. Mit der Gabel auflockern. Den lauwarmen Quinoa in eine Schüssel geben. Mit dem Saft einer Zitrone beträufeln. Mit etwas Olivenöl marinieren und mit Salz und Pfeffer abschmecken.

Die Avocados schälen und in dünne Streifen schneiden. Die Minze fein hacken und mit den Avocados unter den Quinoa mischen.

Die Lammkronen aus dem Ofen nehmen, rund fünf Minuten rasten lassen und in Stücke schneiden.

Den Quinoa in Tellern anrichten, den Vogerlsalat hinzugeben, mit den Lammkronen und dem Kräuterpesto garniert servieren.

Catrin's Tipp

Minze harmoniert sehr gut zu allen Gerichten mit Lamm- oder Schaffleisch.

Knusperfisch im Basilikumschaum

verfeinert

mit Erdäpfelpüree & Chips

Der Basilikumsud kann auch mit anderen Frühlingskräutern zubereitet werden und harmoniert besonders gut mit der Knoblauchnote des Pürees. Damit wird das Fischfilet im Basilikumschaum mit Erdäpfelpüree zu einem gehobenen Gericht und ist ein Hingucker für Gäste.

4 Portionen | Zeit: 1 Stunde

Zutaten

4 Saiblingsfilets (alternativ Lachsforelle/Forelle)
Salz & Pfeffer
wenig Mehl
etwas BONA Knoblauchöl
1 Schnitte Butter

Erdäpfelpüree
600 g Erdäpfel
200 ml Milch
1 Schuss BONA Knoblauchöl
etwas Muskatnuss
Salz
1 Schnitte Butter

Erdäpfelchips
500 g Erdäpfel
Salz
400 ml BONA Öl
(zum Frittieren)

Basilikumschaum
250 ml Milch
1 Knoblauchzehe
Salz
1 Bund Basilikum

Zubereitung

Für das Erdäpfelpüree die Erdäpfel schälen und in Salzwasser gar kochen. Die gekochten Erdäpfel durch die Presse in einen Topf drücken. Mit einem Schneebesen die Milch und das Knoblauchöl einrühren. Mit Muskatnuss und Salz würzen. Eine Schnitte Butter unterheben.

Für die Erdäpfelchips die Erdäpfel waschen und in sehr feine Scheiben hobeln. Die Erdäpfelscheiben auf einem Küchenpapier auflegen, einen weiteren Bogen Küchenpapier darauflegen und die Stärke abtupfen. Die Erdäpfel mit Salz würzen. Das Öl erhitzen, die Erdäpfelscheiben darin nacheinander für zwei bis drei Minuten knusprig ausbacken. Aus dem Öl nehmen, auf Küchenpapier abtropfen und bis zum Servieren beiseite stellen.

Für den Basilikumschaum die Milch in einen Topf geben. Den Knoblauch schälen und fein hacken. Die Milch mit Salz aufkochen. Den Topf vom Herd nehmen. Das Basilikum waschen, die Blätter abzupfen und trocken schütteln, die Blätter grob zerkleinern und in der heißen Milch rund 15 Minuten ziehen lassen. Anschließend pürieren, etwas auskühlen lassen und fein aufschäumen.

Die Saiblingsfilets waschen, mit Salz und Pfeffer würzen. Mit der Hautseite in Mehl wenden. Etwas Knoblauchöl zusammen mit der Butter schmelzen, die Fischfilets auf mittlerer Hitze darin auf der Hautseite knusprig braten.

Die Saiblingsfilets mit dem Basilikumschaum, dem Erdäpfelpüree und den Chips anrichten, mit ein paar Blättern Basilikum dekorieren und sofort servieren.

Spargelrisotto

Basisrezept

Spargelrisotto kann im Dampfgarer zubereitet werden. Alle Zutaten bis auf Butter und Parmesan in einen Garbehälter geben, im vorgeheizten Dampfgarer für 20 Minuten bei 100 °C dämpfen. Den Spargel für zwölf Minuten mit dem Risotto mitgaren. Butter & Parmesan zum Schluss unterheben und das Risotto abschmecken.

4 Portionen | Zeit: 40 Minuten

Zutaten

1 Bund weißer Spargel (entspricht 500 g)
250 g Risottoreis
3 EL Olivenöl
1 Zwiebel
1 dünne Schnitte Butter
650 ml Gemüsesuppe
⅛ l Weißwein
75 g Parmesan (frisch gerieben)
Salz & Pfeffer

Zubereitung

Den Spargel waschen und putzen, dabei die holzigen Enden abschneiden und anschließend den Spargel schälen. Die Spargelstangen in circa drei Zentimeter große Stücke schneiden. In gesalzenem Wasser bissfest kochen. Aus dem Wasser nehmen und beiseite stellen.

Die Zwiebel schälen und sehr fein würfeln. Olivenöl in einem Topf erhitzen, die Zwiebelwürfel darin glasig dünsten. Den Risottoreis hinzufügen, kurz anrösten und mit Weißwein ablöschen. Mit heißer Gemüsesuppe aufgießen und die Gemüsesuppe nach und nach hinzufügen und unter Rühren auf mittlerer Hitze einköcheln lassen. Wenn zwei Drittel der Gemüsesuppe einreduziert sind, den Spargel hinzufügen und kurz mitköcheln lassen. Das Risotto zum Schluss mit Parmesan und mit Butter verfeinern und mit Salz und Pfeffer abschmecken.

Mit ein paar Sprossen oder frisch gehackten Kräutern garniert servieren.

Catrin's Tipp

Dieses Basisrezept für Risotto kann beliebig mit Gemüse, Speck, gebratenem Fisch oder Fleisch serviert werden.

Kärntner Reindling

Osterklassiker

Germgugelhupf mit Nussfüllung

Reindling ist eine landestypische Kärntner Spezialität. Das traditionelle Backwerk, das im südlichsten aller österreichischen Bundesländer zu Ostern mit Schinken und Eierkren gegessen wird, ist nach seiner Backform benannt. Ursprünglich wurde es – eingedreht zu einer Schnecke – in einer "Rein", also einem Kochtopf, gebacken.

1 Reindling | Zeit: 1 Stunde 50 Minuten

Zutaten

Germteig

750 g Mehl
3 Eigelb (Größe L)
80 g Zucker
1 Pkg. Vanillezucker
½ TL Salz
140 g Butter
2 Kappen Rum
¼ l Milch
60 g Germ

Füllung

200 g geriebene Walnüsse
175 g geriebene Haselnüsse
100 g Zucker
1 gehäufter TL Zimt
10 EL Rum
ein Schuss Milch
½ Bio-Zitrone
100 g Rosinen (optional)
Butter & Zucker für die Form

Zubereitung

Das Mehl in eine Schüssel geben. Eigelbe, Zucker, Vanillezucker und Salz dazugeben. Die Butter schmelzen und mit dem Rum unter die Masse rühren.

Die Milch lauwarm erhitzen. Den Germ zerbröseln und mit der lauwarmen Milch verrühren. Die Milchmischung zu den restlichen Zutaten geben, mit einem Knethaken in der Küchenmaschine oder mit den Händen zu einem gleichmäßigen Teig verarbeiten. Den Teig zudecken und an einem warmen Ort für mindestens 45 Minuten aufgehen lassen.

In der Zwischenzeit die Füllung vorbereiten. Dafür die geriebenen Nüsse mit dem Zucker, dem Zimt, dem Rum und der Milch verrühren. Eine halbe Bio-Zitrone heiß waschen, die Zesten abreiben und unter die Masse rühren. Wer mag, kann in Rum oder Wasser eingeweichte Rosinen dazugeben.

Den Ofen auf 175 °C Heißluft vorheizen. Den aufgegangenen Germteig auf einer bemehlten Arbeitsfläche zu einem Rechteck ausrollen. Die Nussfüllung gleichmäßig darauf verteilen. Den Teig mit der Füllung nach innen zu einer Rolle formen.

Eine Gugelhupfform oder eine „Rein" (= einen ofenfesten Kochtopf) mit Butter ausstreichen, anschließend mit reichlich Zucker auskleiden. Die Germteigrolle in die Form legen und im vorgeheizten Ofen bei 175 °C Heißluft auf mittlerer Stufe für 75 Minuten backen. Nach dem Backen noch heiß aus der Gugelhupfform stürzen.

Catrin's Tipp

Wird der Reindling zu Ostern gebacken, gibt man einen halben Teelöffel Salz in den Teig.

Mohnstriezel

Swirl Bread mit Mohnfüllung

gerollt & gewickelt

Der Striezel wird noch saftiger, wenn er im Miele Kombigarer mit 60 % Feuchte auf einem Lochblech gebacken wird.

1 Striezel, 12 Stück | Zeit: 2 Stunden 30 Minuten

Zutaten

375 ml Wasser (warm)
½ Pkg. frischer Germ (entspricht 20 g)
3 EL Zucker
100 g Butter
550 g Mehl

Variante 1 | Mohnfüllung
150 ml Milch
90 g Staubzucker
Mark einer Vanilleschote
5 EL Rum
3 EL Honig
½ TL Zimt
400 g Mohn
Zesten ½ Bio-Zitrone

Variante 2 | Nussfüllung
220 g geriebene Nüsse
4 EL brauner Zucker
2 EL Zimt
60 g Butter

Variante 3 | Pistazienfüllung
250 g Pistazien
100 g Haselnüsse
120 g Butter
3 EL Zucker
optional:
2 Eigelb (zum Bestreichen)

Zubereitung

Den Germ in dem lauwarmen Wasser auflösen. Die Butter schmelzen. Mehl, Butter und Zucker mit der Germ-Mischung verkneten. An einem warmen Ort zugedeckt für 45 Minuten bis eine Stunde aufgehen lassen, bis der Teig sein Volumen verdoppelt hat.

Für die Mohnfüllung das Mark einer Vanilleschote auskratzen. Die Milch mit dem Zucker, Vanillemark, Rum und dem Honig sowie dem Zimt kurz erhitzen. Eine halbe Bio-Zitrone heiß waschen, die Zesten abreiben. Den Mohn und die Zitronenzesten unterheben.

Für die Nussfüllung die geriebenen Nüsse kurz in einer Pfanne rösten, so wird das Aroma intensiver. Die Butter schmelzen, mit den restlichen Zutaten vermischen.

Für die Pistazienfüllung die Nüsse fein mahlen. Kurz in der Pfanne anrösten. Die Butter schmelzen, mit den geriebenen Nüssen und dem Zucker vermengen.

Eine rechteckige Backform etwas mit Wasser benetzen und mit Backpapier auslegen. Den Teig auf einer bemehlten Arbeitsfläche circa einen halben Zentimeter dick ausrollen. Gleichmäßig mit der gewünschten Füllung bestreichen und einrollen. Die Rolle der Länge nach durchschneiden. Dabei die Enden ein paar Zentimeter aussparen. Den Striezel zu einer Schnecke oder einem Kranz eindrehen oder in eine große, gebutterte Kastenform geben, mit einem verquirlten Ei bestreichen und im vorgeheizten Backofen bei 175 °C Heißluft für 45 Minuten backen.

Süße Früchtchen.

Hadn Galette mit Erdbeeren

verlockend

Knusprige Mürbteig-Buchweizen-Galette

Das Grundrezept für süße Galettes lässt sich mit unterschiedlichen Mehlen und in verschiedenen Varianten zubereiten. Süße Mürbteig-Galettes lassen sich beliebig mit Obst und auch sehr gut mit Steinobst füllen. Zur Hadn-Galette passen auch Pfirsiche, Marillen oder Kirschen.

1 Galette | Zeit: 1 Stunde 15 Minuten (ohne Ruhezeit)

Zutaten

125 g Butter (kalt)
1,5 Tassen Hadn- (Buchweizenmehl) & Weizenmehl gemischt*
1 Ei
3 EL brauner Zucker
¼ Tasse Wasser (eiskalt)
*1 Tasse entspricht 250 ml

Füllung

200 g Sauerrahm
Mark einer Vanilleschote
1 Pkg. Vanillezucker

Belag

350 g Erdbeeren
2 EL Zucker
2 EL Butter
1 Pkg. Vanillezucker
3 EL Mandelblättchen

Zubereitung

Für den Teig die Butter würfeln. Die Butterwürfel mit dem Mehl, dem Ei und dem Zucker verkneten. Kaltes Wasser einkneten. Den Teig im Kühlschrank kalt stellen.

Für die Füllung das Mark einer Vanilleschote auskratzen. Den Sauerrahm mit dem Vanillezucker und dem Vanillemark glattrühren.

Die Erdbeeren vom Strunk befreien und vierteln. Die Butter schmelzen und die Erdbeeren mit Butter und etwas Zucker sowie Vanillezucker vermischen.
Den Backofen auf 175 °C Heißluft vorheizen.

Den Teig auf einer bemehlten Arbeitsfläche rund ausrollen. Den Sauerrahm in der Mitte verteilen. Am Rand drei Zentimeter freilassen. Die Erdbeeren der Länge nach auf die Galette legen und die Teigränder einschlagen. Mit den Mandelblättchen bestreuen.
Die Galette im vorgeheizten Ofen bei 175 °C (Heißluft) 50-60 Minuten backen.

Catrin's Tipp

Dazu passt eine hausgemachte Vanillesauce oder eine Kugel Vanille- oder Kirscheis.
Rezept Vanillesauce siehe Seite 190

Rhabarberkuchen
mit Baiser

himmlisch

Dank seines hohen Gehalts an Vitamin C ist Rhabarber nicht nur gesund, sondern auch unglaublich schmackhaft und vielseitig in der Küche einsetzbar. Er sorgt für einen fruchtig-frischen Geschmack.

1 Springform mit 30 cm, 12 Stück | Zeit: 1 Stunde 15 Minuten

Zutaten

Kuchen

7 Eier (Größe L)
130 g Zucker
175 g Mehl
60 g Speisestärke
125 ml Vollmilch
½ Pkg. Backpulver
500 g Rhabarber

Baiser

4 Eiweiß (von Eiern aus dem Teig abnehmen)
1 EL Zitronensaft
150 g Zucker

Zubereitung

Den Ofen auf 160 °C Heißluft vorheizen.

Vier Eier trennen. Die Eigelbe mit den ganzen Eiern vermischen und zusammen mit dem Zucker mehrere Minuten schaumig schlagen. Mehl, Backpulver, Milch und Speisestärke einrühren.

Den Rhabarber waschen, schälen und in circa zwei Zentimeter dicke Stücke schneiden. Eine große runde Backform mit Backpapier auslegen. Die Kuchenmasse eingießen, die Rhabarberstücke darauf verteilen.

Den Zucker mit dem Eiweiß und einem Esslöffel Zitronensaft zu cremigem Schnee schlagen. Den Eischnee auf dem Kuchen verteilen.

Bei 160 °C circa eine Stunde backen.

Catrin's Tipp

Der Eischnee kann auch roh über den Kuchen gegeben und mit dem Bunsenbrenner geflämmt werden.

Saftiger Mohnkuchen

glutenfrei

Diesen Kuchen liebt jeder in unserer Familie.
Dieser schnelle, sehr saftige Mohnkuchen kann mit saisonalen Früchten verfeinert, aber auch pur genossen werden. Gefüllt mit einer Topfencreme und garniert mit Beeren schmeckt er besonders gut.

12 Portionen | Zeit: 1 Stunde

Zutaten

4 Eier
120 g Butter (weich)
125 g Kristallzucker
135 g Mohn (gemahlen)
120 g geriebene, geröstete Haselnüsse
1 Schuss Rum
1 Schuss Milch
Staubzucker zum Garnieren
Beeren zum Garnieren

Zubereitung

Den Ofen auf 170 °C Umluft vorheizen.

Die Eier trennen. Das Eiweiß zu steifem Eischnee aufschlagen. Die weiche Butter mit der Hälfte des Zuckers für einige Minuten schaumig rühren. Die Eigelbe und den restlichen Zucker einrühren. Den Mohn und die geriebenen Haselnüsse einrühren. Den Rum und einen Schuss Milch ebenfalls einrühren.

Eine Springform mit 22–24 Zentimetern Durchmesser mit Backpapier auslegen oder ausbuttern. Die Kuchenmasse darin verteilen. Den Teig im vorgeheizten Ofen bei 170 °C Heißluft für 50 Minuten backen.

Den Kuchen aus dem Ofen nehmen und auskühlen lassen. Vom Rand lösen und verkehrt auf einen Teller stürzen. Den Kuchen mit Staubzucker bestreut und mit frischen Beeren garniert servieren.

Rezept Topfencreme siehe Seite 120

Zitronen Rührmilch Nachspeis'

erfrischend

Buttermilch-Zitronen-Tarte

1 Tarte, 12 Stück | Zeit: 1 Stunde 10 Minuten (ohne Ruhezeit)

Zutaten

Mürbteig

150 g Butter (kalt)
250 g Mehl
2 Eier (Größe M)
etwas Mehl zum Ausrollen

Füllung

3 Eier
200 g Staubzucker
60 g Butter (zimmerwarm)
250 ml Buttermilch
3 gehäufte EL Mehl
Mark einer Vanilleschote
Zesten einer Bio-Zitrone
etwas Staubzucker zum Garnieren

Zubereitung

Für den Mürbteig die kalte Butter in Stücke schneiden. Zügig mit dem Mehl und den Eiern zu einem Mürbteig verkneten. In Klarsichtfolie einwickeln und im Kühlschrank für mindestens eine Stunde rasten lassen.

Den Teig auf einer bemehlten Arbeitsfläche rund ausrollen. Eine runde Tarteform damit auskleiden. Nochmals kurz kalt stellen.

Den Backofen auf 175 °C Heißluft vorheizen.

Für die Füllung die Eier mit dem Staubzucker für mehrere Minuten schaumig aufschlagen. Die Butter schmelzen und dann etwas auskühlen lassen. Die Buttermilch, die geschmolzene Butter, das Mehl und das Vanillemark einrühren. Eine Bio-Zitrone heiß waschen, die Zesten abreiben und ebenfalls einrühren. Die Füllung auf den Tarteboden gießen. Die Tarte im vorgeheizten Backofen bei 175 °C Heißluft für 50 Minuten backen.

Catrin's Tipp

Wird der Mürbteig zügig verarbeitet, braucht er nicht kalt gestellt zu werden.

Schokoladenkuchen

sehr saftig

Cremiger Schoko-Fudge mit Erdbeeren

Wiener Braunzucker aus Österreich hat durch die Veredelung mit Zuckerrübensirup ein besonderes Karamellaroma. Seine feinen goldenen Kristalle treffen beim Backen gerne auf Nüsse, Schokolade und Mürbteig. Er gesellt sich mit seiner exotischen Süße aber auch gerne zu Drinks.

12 bis 14 Stück | Zeit: 1 Stunde 20 Minuten

Zutaten

10 Eiweiß
2 Eigelb
(oder alternativ 6 Eier Größe L)
350 g Wiener Braunzucker
200 ml neutrales Pflanzenöl
275 ml Schlagobers
400 g Mehl
1 Pkg. Backpulver
100 g Backkakao
250 g Tiefkühl-Beerenmischung
(alternativ 150 g frische Beeren)

zum Toppen
200 g Erdbeeren
2 EL Erdbeermarmelade
Wiener Staubzucker
zum Servieren

Zubereitung

Den Backofen auf 175 °C Heißluft vorheizen.

Die Eier trennen. Zwei Eigelbe mit dem Zucker in der Küchenmaschine mehrere Minuten aufschlagen, bis eine dickflüssige Masse entsteht. Das Eiweiß von zehn Eiern steif schlagen. Das Pflanzenöl und Obers unterrühren. Das Mehl mit dem Backpulver und Backkakao vermischen und unter die Zucker-Eier-Masse rühren. Den Eischnee unter den Teig heben.

Eine Springform mit 24 Zentimetern Durchmesser mit Backpapier belegen. Den Teig in die Form füllen, mit der Marmelade und den Beeren belegen und im vorgeheizten Backofen bei 175 °C Heißluft für eine Stunde backen.

Den Kuchen aus dem Ofen nehmen, auskühlen lassen und mit frischen Erdbeeren garnieren. Nach Wunsch mit Staubzucker bestreut servieren.

Sommer

Sattmacher Frühstück

Hirse-Porridge mit Beeren

glutenfrei & gesund

Hirse ist eine der ältesten heimischen Getreidesorten, die gerade ein Revival erlebt. Sie ist ein regionales Superfood-Getreide, vitalstoffreich und leicht bekömmlich.

1 Portion | Zeit: 10 Minuten

Zutaten

100 g Hirse
250 ml Wasser
125 ml Milch (alternativ Reismilch, Sojamilch etc.)
1 EL Agavendicksaft (alternativ Honig)

zum Garnieren

1-2 EL Erdnussbutter
Beeren
Mandelsplitter
Kakaonibs

Zubereitung

Die Hirse mit der Milch und dem Wasser in einem Topf kurz aufkochen. Auf geringer Hitze circa zehn Minuten weiter köcheln lassen. Den Agavendicksaft einrühren und den Hirse-Porridge in eine Schüssel geben.

Mit Erdnussbutter, Beeren, Mandelsplittern und Kakaonibs garnieren. Noch warm servieren.

eingekocht

Sommermarmeladen

Marillen- & Erdbeermarmelade

4 Gläser | Zeit: 30 Minuten

Zutaten

1,2 kg Marillen bzw. Erdbeeren
1,2 kg Gelierzucker (1:1)
Saft einer Bio-Zitrone
½ TL Zitronenzesten
8 EL Rum

optional: Mark einer Vanilleschote

Zubereitung

Die Marillen waschen und entkernen. Den Gelierzucker mit den Früchten kurz in einem Topf ziehen lassen. Anschließend die Früchte je nach Wunsch grob oder fein pürieren. Die pürierten Marillen zusammen mit dem Gelierzucker, dem Zitronensaft sowie den Zesten, dem Rum und optional dem Vanillemark erhitzen und für drei bis vier Minuten einköcheln lassen. Dabei ständig rühren. Anschließend eine Gelierprobe machen und sofort in saubere Gläser füllen. Die Gläser verschließen und umdrehen.

Für die Gelierprobe: Einen bis zwei Teelöffel heiße Marmelade auf einen kalten Teller geben. Wenn die Masse nach einer Minute zu stocken beginnt, ist die Marmelade fertig zum Abfüllen, ansonsten noch kurz weiter köcheln lassen.

Die Erdbeermarmelade nach demselben Prinzip herstellen, dafür die Erdbeeren zuvor waschen, putzen und pürieren.

Catrin's Tipp

Wer mag, kann Nougat oder Schokolade in die Marmelade schmelzen. Dafür nach dem Pürieren und Einkochen dazugeben.

Waldsalat

Eierschwammerlsalat mit Ziegenfrischkäse

2 Portionen | Zeit: 30 Minuten

Zutaten

eingelegte Eierschwammerl
500 g frische Eierschwammerl
2 Zehen Knoblauch
¼ Zwiebel (in Scheiben)
300 ml Wasser
150 ml Einlege-Essig
1 EL Zucker
1 TL Wacholderbeeren
4-5 Rosmarinzweige
3-4 Lorbeerblätter
Salz & Pfeffer
einen Schuss Olivenöl

Salat
2 Köpfe grüner Salat
2 Fäuste Vogerlsalat
5 EL Apfelessig
5 EL Sonnenblumenöl
Salz & Pfeffer
12 Stk. Ziegenfrischkäsebällchen

Zubereitung

Für die eingelegten Eierschwammerl die Schwammerl putzen und schmutzige Stängelenden abschneiden. Etwas Salzwasser erhitzen und die Schwammerl darin drei bis fünf Minuten blanchieren.

Die Knoblauchzehen schälen. Die Schwammerl mit den Kräutern und den Knoblauchzehen in Einweckgläser füllen. Zwiebelscheiben dazugeben. Wasser mit Einlege-Essig und Zucker aufkochen. Die Gewürze mit ins Glas geben und mit der heißen Flüssigkeit aufgießen. Mit einem Schuss Öl abschließen. Die Gläser sofort verschließen.

Den Salat waschen und trocken schleudern. Mit dem Vogerlsalat in eine Schüssel geben. Den Salat mit Salz und Pfeffer abschmecken, mit Apfelessig und Öl marinieren. Den Salat in tiefen Tellern anrichten, mit den Eierschwammerln und den Ziegenfrischkäsebällchen servieren.

Catrin's Tipp

Wer frische Eierschwammerl verwenden möchte,
kann eine kleine Zwiebel oder Schalotte schälen und fein hacken.
In etwas Öl zusammen mit den geputzten, halbierten Eierschwammerl in einer Pfanne anrösten und
mit etwas Paprikapulver, Salz und Pfeffer abschmecken und warm über den Salat geben.

Strankerlsalat

Fisolensalat mit Speckdressing

vitaminreich

Als Strankalan oder Strankerl werden grüne Fisolen vor allem in Kärnten und der Steiermark bezeichnet. Sie schmecken besonders gut als Salat mit einer Marinade mit ausgelassenem Speck. "Strankerl" ist auch ein Kosewort für eine schlanke Person: "Ein Strankerle".

4 Portionen | Zeit: 30 Minuten

Zutaten

400 g Strankerl
100 g Erbsen
2 Zehen Knoblauch
¼ Bund Petersilie
75 g Speck (gewürfelt)
1 TL Bohnenkraut
1 TL Thymian
5 EL Mautner Markhof Hesperidenessig (alternativ Mautner Markhof Apfelessig Barrique)
Salz & Pfeffer

Zubereitung

Die Strankerl waschen und putzen. Dafür die Enden abschneiden. In gesalzenem Wasser weich kochen. Die Erbsen putzen und dann kurz mitkochen. Anschließend den Knoblauch schälen und fein hacken. Die Petersilie waschen, von den Stielen befreien und fein hacken.

Den Speck in einer Pfanne anbraten, die Petersilie und den Knoblauch hinzugeben.

Die Strankerl und Erbsen in eine Schüssel geben. Essig und Gewürze hinzufügen und alles gut durchrühren. Den Speck mit dem ausgelassenen Fett über das Gemüse geben.

Vorsichtig salzen, da der Speck bereits einen Salzgehalt mitbringt.

Die Strankerl behalten ihre grüne Farbe, wenn man sie nach dem Kochen in Eiswasser abschreckt.

Catrin's Tipp

Den Speck in der Pfanne anrösten = „auslassen".
Das macht den Salat besonders schmackhaft und spart Öl.

Schweinerei

vom Grill

Panzanella mit Sommergemüse & gegrillten Schweinemedaillons

4 Portionen als Vorspeise, 2 Portionen als Hauptgang | Zeit: 25 Minuten

Zutaten

350-300 g altbackenes Weißbrot (Ciabatta, Focaccia, Semmeln)
250 g Schweinemedaillons
etwas Olivenöl (für die Pfanne)
½ rote Zwiebel (groß)
2 Stück Frühlingszwiebeln
1 Knoblauchzehe
250 g Tomaten
2 Zucchini (mittelgroß)
175 g Borettane-Zwiebeln
8 EL Olivenöl
5-6 EL Rotweinessig
Salz & Pfeffer
einige Blätter Basilikum
¼ Bund Petersilie
40 g Parmesan

Zubereitung

Das Brot in Scheiben oder Würfel schneiden. Etwas Olivenöl in einer Pfanne erhitzen und die Brotscheiben oder -würfel darin knusprig rösten. Die Zwiebel schälen, putzen und in dünne Scheiben schneiden. Die Frühlingszwiebeln putzen und in feine Ringe schneiden. Den Knoblauch putzen, schälen und fein würfeln. Die Tomaten waschen, putzen und halbieren. Die Zucchini waschen, vom Strunk befreien und in Scheiben schneiden. Die Zucchinischeiben zusammen mit den Zwiebeln in einer Pfanne anrösten. Die Zucchini-Zwiebel-Mischung zusammen mit dem Brot, den Tomaten, den Borettane-Zwiebeln und dem Knoblauch in eine große Schüssel geben.

Basilikum und Petersilie waschen, grob hacken und dazugeben. Mit Salz und Pfeffer würzen, mit Olivenöl und Rotweinessig marinieren. Gut durchrühren und mindestens eine Stunde an einem kühlen Ort durchziehen lassen.

Das Fleisch in Scheiben schneiden, mit Salz und Pfeffer würzen und auf dem vorgeheizten Grill von beiden Seiten grillen. Über den Panzanella geben.

Vor dem Servieren mit reichlich Parmesan garnieren.

Catrin's Tipp

Panzanella ist eine gute Resteverwertung für altbackenes Weißbrot.
Er kann auch mit Rindfleisch oder mit Grillkäse (Halloumi) als vegetarische Variante zubereitet werden.

G´rührter Reis mit Gmias

vegetarisch

Sommerrisotto mit Erntegemüse

Risotto kann auch gut im Miele Dampfgarer zubereitet werden. Dafür Risotto-Reis, Gemüsesuppe, Zwiebel und Wein in einen Garbehälter geben und im Dampfgarer für 20 bis 25 Minuten bei 100 °C dämpfen. Zum Schluss Parmesan, Butter und Gewürze unterrühren.

4 Portionen | Zeit: 50 Minuten

Zutaten

Zitronen-Kräuterbutter

150 g Butter
2 EL Schnittlauch (gehackt)
2 EL Rosmarin (gehackt)
2 EL Zitronenthymian (gehackt)
Zesten einer Bio-Zitrone (klein)
1 TL Zitronensaft
etwas Salz

Risotto

1 weiße Zwiebel (groß)
2 EL Olivenöl
500 g Risotto-Reis
¼ l Weißwein
1 l Gemüsesuppe
1 Zucchini
1 Frühlingszwiebel
1 rote Zwiebel (klein)
250 g Cocktailtomaten (gelb & rot)
2 EL Zitronen-Kräuterbutter
100 g Parmesan
Salz & Pfeffer

Zubereitung

Für die Zitronen-Kräuterbutter die weiche Butter mit den gehackten Kräutern, den Zitronenzesten, dem Zitronensaft und dem Salz glattrühren. Auf Butterpapier streichen, dieses zu einer Rolle eindrehen, fest verschließen und im Kühlschrank für mindestens vier Stunden fest werden lassen. Die Zitronen-Kräuterbutter eignet sich auch ideal zum Grillen.

Für das Risotto die Zwiebel putzen, schälen und fein würfeln. Etwas Olivenöl in einem großen Topf erhitzen. Den Risotto-Reis und die Zwiebel hinzufügen und unter Rühren anrösten. Mit Weißwein ablöschen, diesen einkochen lassen und mit einem Schöpfer heißer (!!) Gemüsesuppe übergießen. Unter Rühren einkochen lassen. Nach und nach unter Rühren die Gemüsesuppe hinzufügen, bis eine sämige Risotto-Masse entsteht.

Die Zucchini putzen und in Scheiben schneiden. Die Frühlingszwiebel putzen und in feine Stücke schneiden. Die rote Zwiebel putzen und in Ringe schneiden. Die Tomaten waschen und in Scheiben schneiden. Den Parmesan reiben. Die Zwiebeln und die Zucchinischeiben sowie die Tomaten in einer Pfanne in etwas Olivenöl anrösten. Wenn das Risotto eine cremige Konsistenz erreicht hat, den Parmesan sowie die Zitronen-Kräuterbutter einrühren. Das Risotto mit Salz und Pfeffer abschmecken und mit dem Gemüse servieren.

Catrin´s Tipp

Risotto immer frisch zubereitet servieren!

Topfenlaberl

vegetarisch

Schnelle Topfenlaibchen auf grünem Salat

Ein pfiffiges Familiengericht.
Die Topfenlaberl schmecken warm mit einem Salat oder kalt direkt auf die Hand und sind damit ein ideales Gericht zum Mitnehmen ins Büro oder zum Picknick. Auch Kinder lieben die luftigen Laibchen.

12 bis 14 Laibchen | Zeit: 25 Minuten

Zutaten

1 kleine Zwiebel
3 EL Butter
300 g Topfen
125 g Sauerrahm
1 Ei
130 g Dinkel-/Dinkelvollkornmehl
1 EL Olivenöl
Salz & Pfeffer

Zubereitung

Die Zwiebel schälen und fein würfeln. Die Butter in einer Pfanne zerlassen und die Zwiebelwürfel darin glasig dünsten. Vom Herd nehmen und auskühlen lassen.

Den Topfen mit dem Sauerrahm, dem Ei und dem Mehl glattrühren. Mit Salz und Pfeffer abschmecken. Die Zwiebelwürfel und die geschmolzene Butter unterheben. Etwas Olivenöl in einer Pfanne erhitzen. Darin kleine Häufchen der Topfenmasse goldbraun ausbacken und auf grünem Salat servieren.

Catrin's Tipp

Mit reichlich grünem oder gemischtem Salat servieren.

Rinderfilet auf Marktsalat

mit Honig-Senf-Dressing

Low Carb

Steaks können auch im Dampfgarer „Sous Vide" gegart werden. Für diese besonders schonende Zubereitung das Fleisch mit den Kräutern in der Miele Vakuumierschublade vakuumieren. Anschließend im Miele Dampfgarer bei 55 °C bis maximal 58 °C für 90 Minuten dämpfen. Danach kurz braten und abschmecken.

2 Portionen | Zeit: 20 Minuten

Zutaten

2 Steaks (ca. 200-250 g)
4-5 Zweige Rosmarin
2-3 Zweige Thymian
Olivenöl
etwas Butter

Marktsalat

2 Fäuste Rucola
2 Fäuste Pflücksalat
2 Fäuste Grüner Salat
4-6 Radieschen
4-6 Tomaten (je nach Größe)

zum Toppen

2-3 EL Erdnüsse
(gesalzen & gehackt)

Dressing

50 ml Olivenöl
15-20 ml Apfelessig
2 TL Estragonsenf
2 TL Honig
Salz & Pfeffer

Zubereitung

Für das Dressing alle Zutaten verrühren und mit einem Stabmixer schaumig aufmixen.

Den Salat waschen und auf Tellern anrichten. Die Radieschen waschen, putzen und in feine Streifen schneiden. Die Tomaten waschen und halbieren.

Für die Steaks etwas Öl und Butter in einer Pfanne schmelzen. Die Filetsteaks darin je nach gewünschter Garstufe ein bis zwei Minuten von beiden Seiten scharf anbraten. Anschließend von der Hitze nehmen und zudecken. Mit Salz und Pfeffer würzen. Die Filetsteaks für fünf bis acht Minuten bei 150 °C Heißluft zugedeckt in den Ofen geben und fertig garen.

Das Gemüse auf den Salat geben und mit dem Dressing marinieren. Das Steak in Streifen schneiden und auf dem Salat verteilen. Mit gehackten, gesalzenen Erdnüssen garnieren.

Catrin's Tipp

Der Salat kann mit etwas frischem Parmesan verfeinert werden.

Salat mit gebratenen Låxn-Filets

leicht

& Honig-Senf-Dressing

Der (Kärntna) Låxn ist eine sehr alte Sorte der Seeforelle, die sich durch einen silbrigen Körper mit x-förmigen schwarzen Punkten auszeichnet. Sie wurde bereits im 14. Jahrhundert aus Oberkärnten an den kaiserlichen Hof nach Wien geliefert. Heute wird die schmackhafte Fischsorte wieder in den Kärntner Seen kultiviert.

4 Portionen | Zeit: 25 Minuten

Zutaten

Dressing

½ TL Dijonsenf
1 EL Honig
3 EL weißer Balsamico-Essig (alternativ Apfelessig)
2 EL Olivenöl (alternativ Sonnenblumenöl)
Kräutersalz & Pfeffer
100 g Rucola
100 g Vogerlsalat
1 Gurke
250 g Cherrytomaten (gelb)

Fisch

4 heimische Fischfilets (Kärntner Låxn)
Salz & Pfeffer
Saft einer Zitrone
etwas Mehl
3 EL Olivenöl

Zubereitung

Den Senf und den Honig in einer kleinen Schüssel glatt rühren. Mit Kräutersalz und Pfeffer würzen und den Essig einrühren. Das Öl unter Rühren mit einem Schneebesen nach und nach unterheben. Den Salat waschen und trocken schütteln. Die Gurken schälen, in Scheiben schneiden oder mit dem Sparschäler Streifen abziehen. Die Tomaten waschen und halbieren.

Die Fischfilets waschen und trocken tupfen. Mit Zitronensaft, Salz und Pfeffer marinieren. Mit der Hautseite in Mehl wenden. Olivenöl in einer Pfanne erhitzen. Den Fisch auf mittlerer Stufe auf der Hautseite glasig braten. Den Salat mit allen Zutaten anrichten, mit dem Dressing marinieren und mit dem gebratenen Fisch sofort servieren.

Regionales
Rezept

Schwammerlgulasch

Almsommergericht

Semmelknödel mit Eierschwammerlsauce

Ein Sommer- und Almklassiker aus der Kindheit. Wir Kinder konnten uns mit Schwammerl „brocken" oder „klauben", wie man je nach Region sagt, ein kleines Taschengeld in den Ferien dazuverdienen. Es gab immer ein Wettrennen um den besten „Schwammerlplatz".

4 Portionen | Zeit: 45 Minuten

Zutaten

Semmelknödel
1 große Zwiebel
Öl zum Anbraten
180 g Semmelwürfel
4 Eier (Größe M)
200 ml Milch (warm)
½ Bund Petersilie
75 g Mehl
2 EL Stärke
Salz & Pfeffer

Schwammerlgulasch
850 g Eierschwammerl
1 große/2 mittlere Zwiebeln
ein guter Schuss Öl
¾ TL Paprikapulver
250 g Sauerrahm
250 ml Schlagobers
Salz & Pfeffer

optional:
eine Prise Chili (gemahlen)
4 EL Petersilie (gehackt)

Zubereitung

Für die Semmelknödel die Zwiebel schälen, fein hacken und kurz in Öl anschwitzen. Die Semmelwürfel in eine Schüssel geben, warme Milch und die Eier hinzufügen. Die Petersilie hacken und ebenso dazugeben. Mehl und Stärke dazugeben und mit Salz und Pfeffer abschmecken. Alles zu einer Masse verkneten.

Wasser mit etwas Salz aufkochen und sieden lassen. Mit feuchten Händen Knödel aus der Masse formen und diese im siedenden Wasser für zehn Minuten ziehen lassen. Danach mit einer Schöpfkelle aus dem Wasser nehmen.

Für das Schwammerlgulasch die Schwammerl putzen, größere Eierschwammerl halbieren oder in Stücke schneiden. Die Zwiebel schälen und fein würfeln.

Etwas Öl in einem Topf erhitzen. Die Zwiebeln im Öl glasig dünsten, die Eierschwammerl hinzugeben und einige Minuten unter Rühren dünsten. Die Flüssigkeit, die dabei entsteht, abschöpfen und beiseite stellen. Die Eierschwammerl mit dem Paprikapulver stauben und kurz anrösten. Den Sauerrahm und das Schlagobers dazugeben und die Sauce auf geringer Stufe einige Minuten köcheln lassen. Den Schwammerlsud einrühren und das Schwammerlgulasch mit Salz und Pfeffer abschmecken. Optional eine Prise Chilipulver unterrühren. Mit frisch gehackter Petersilie bestreut servieren.

Das Schwammerlgulasch kann außerhalb der Eierschwammerlsaison mit Champignons zubereitet werden.

Catrin's Tipp

Statt mit Knödel kann das Schwammerlgulasch auch mit Bandnudeln gegessen werden.

Rindfleischsalat

steirische Spezialität

bunt & gesund

4 Portionen | Zeit: 20 bis 25 Minuten

Zutaten

400 g Rinder-Minutensteaks
2 EL Olivenöl
3 Frühlingszwiebeln
4 Paprika
(rot, gelb, grün, orange)
5-6 Essiggurkerl (klein)
2 Eier
⅓ Bund Petersilie

Dressing

1 EL Mautner Markhof
Honig Senf
60 ml Sonnenblumenöl
60 ml Mautner Markhof
Hesperidenessig
Salz & Pfeffer

Zubereitung

Zwei Esslöffel Olivenöl in einer Pfanne erhitzen, die Rinder-Minutensteaks darin von beiden Seiten anbraten. Aus der Pfanne nehmen und in feine Streifen schneiden. Die Gurkerl je nach Größe halbieren oder in Scheiben schneiden. Die Frühlingszwiebeln waschen, putzen und fein hacken. Die Paprika waschen, putzen, vom Kerngehäuse befreien und in Würfel oder Streifen schneiden. Die Petersilie waschen, trocken schütteln und fein hacken. Die Eier hart kochen. In kaltem Wasser abschrecken, schälen und halbieren.

Das Gemüse mit den Rinderstreifen und der Petersilie in einer großen Schüssel vermischen. Für das Dressing alle Zutaten mit einem Stabmixer schaumig aufschlagen, das Gemüse damit marinieren.
Den Salat auf Tellern anrichten und mit den gekochten Eiern garnieren.

Catrin's Tipp

In der traditionellen Variante wird der Salat mit gekochtem Rindfleisch zubereitet und ist eine ideale Resteverwertung für Tafelspitz oder gekochtes Rindfleisch.

Sommer Salat Buffet

Rezepte siehe Seite 100, 101

Vogerlsalat

mit Schinkenspeck & Ei

herzhaft

4 Portionen | Zeit: 20 bis 25 Minuten

Zutaten

200 g Vogerlsalat
1 kleiner Bund Radieschen
4 Eier
1 Schuss Mautner Markhof Hesperidenessig
150 g Schinkenspeck
1 EL Parmesan/Bergkäse (frisch gerieben)
Salz & Pfeffer

Dressing

30 ml Mautner Markhof Apfelessig
25 ml Steirisches Kürbiskernöl
1 TL Mautner Markhof Kremser Senf
Salz & Pfeffer

Zubereitung

Die Radieschen waschen, putzen und in Scheiben schneiden. Den Vogerlsalat auf Tellern anrichten. Mit den Radieschen und dem Schinken garnieren, mit Salz und Pfeffer würzen.

Die Eier pochieren. Dafür einen halben Liter Wasser in einem Topf zum Simmern bringen. Einen Schuss Hesperidenessig hinzugeben. Die rohen Eier für zehn Sekunden ins kochende Wasser geben. Herausnehmen und in eine Tasse aufschlagen. Mit einem Kochlöffel das Wasser umrühren, sodass ein Strudel entsteht. Das Ei vorsichtig in das Wasser gießen und für drei Minuten im simmernden Wasser pochieren. Mit einer Schaumkelle aus dem Wasser nehmen. Den Vorgang mit den restlichen Eiern wiederholen.

Den Salat mit dem Dressing marinieren. Die pochierten Eier noch warm obenauf geben. Mit geriebenem Käse verfeinern.

Bunter Tomatensalat

mit Burrata

sommerlich

2 Portionen | Zeit: 20 bis 25 Minuten

Zutaten

3 Frühlingszwiebeln
4 Fleischtomaten
(z.B.: Ochsenherz)
200 g Cherrytomaten (gelb)
1 große Kugel Burrata
3 EL Pinienkerne
reichlich Basilikum

Dressing

25 ml Mautner Markhof
Kräuteressig
20 ml Olivenöl
½ TL Zucker
Kräutersalz & Pfeffer

Zubereitung

Die Frühlingszwiebeln waschen, putzen und fein hacken. Die Fleischtomaten waschen, putzen und in einen halben Zentimeter dicke Scheiben schneiden. Die Tomatenscheiben auf Tellern auflegen. Die Cherrytomaten waschen, putzen und halbieren. Mit den Frühlingszwiebeln auf den Tellern verteilen. Die Pinienkerne kurz in einer Pfanne ohne Öl anrösten. (Achtung: verbrennen leicht!). Das Basilikum waschen, trocken schütteln und grob hacken. Basilikum und Pinienkerne über den Tomaten verteilen.

Für das Dressing alle Zutaten mit dem Stabmixer schaumig aufmixen, Salate mit dem Dressing marinieren. Die Burrata in große Stücke zerpflücken und auf den Salaten verteilen.

Schmelzkäs

Gebackener Camembert

knusprig schmelzend

4 Portionen | Zeit: 30 Minuten

Zutaten

4 kleine Camemberts
100 g Mehl
2 Eier (verquirlt)
100 g LAND-LEBEN Semmelbrösel
400 ml Öl zum Frittieren
8 Feigen
2 Fäuste Salat
2 Fäuste Spinat

Dressing

1 TL Senf
1 TL Honig
3 EL Apfelessig
5 EL Sonnenblumenöl
Salz & Pfeffer

zum Garnieren

Zitronenscheiben
frische Kräuter nach Wahl

Zubereitung

Die Camemberts panieren. Dafür das Mehl, die verquirlten Eier und die Semmelbrösel jeweils in eine Schüssel geben. Die Käsestücke in dieser Reihenfolge zuerst im Mehl wenden, in die Eier legen und dann in den Bröseln wälzen. Ein weiteres Mal panieren: Nochmals durch die Eier ziehen und in Semmelbröseln wenden.

Das Öl auf 160 °C erhitzen. Die Camemberts darin knusprig ausbacken.

Für das Dressing den Senf mit dem Honig, dem Apfelessig und dem Öl mixen. Mit Salz und Pfeffer abschmecken.

Den Salat und den Spinat auf vier Tellern verteilen. Je einen Camembert auf den Salat geben und mit halbierten oder geviertelten Feigen, Zitronenspalten und frischen Kräutern garniert servieren. Erst kurz vor dem Servieren mit dem Dressing marinieren.

Catrin's Tipp

Um zu vermeiden, dass der Camembert beim Backen ausläuft, diesen doppelt in LAND-LEBEN Semmelbröseln panieren und vor dem Backen einfrieren.

Scharfes Gemüsegulasch

mit Sommergemüse

sättigend

Gemüse bleibt im Dampfgarer besonders knackig, frisch und farbenfroh. Eintöpfe sind ideale Dampfgarer-Gerichte: das schonende Dämpfen im Miele Dampfgarer erhält den Geschmack und die Struktur der Zutaten sowie die Vitamine im Gemüse.

4 Portionen | Zeit: 1 Stunde

Zutaten

4 EL Olivenöl
3 Knoblauchzehen
2 Zwiebeln
250 ml Prosecco
700 ml Gemüsesuppe
2 Zucchini (mittelgroß)
1 rote Paprika
1 gelbe Paprika
5 Tomaten
2 EL Paprikapulver (edelsüß)
1 EL Rauchpaprika
450 g Erdäpfel
400 g Passata
(stückige, passierte Tomaten)
Salz & Pfeffer
etwas frischer Thymian
½ Bund Petersilie
1 Pkg. Mozzarella
(entspricht 125 g)

Zubereitung

Die Erdäpfel schälen und in Würfel schneiden. Die Zwiebel und die Knoblauchzehen schälen und fein hacken. Die Zucchini waschen, putzen und in Scheiben schneiden. Die Paprika waschen, vom Kerngehäuse befreien und in Streifen schneiden.

Olivenöl in einem großen Topf erhitzen, die Zwiebel- und Knoblauchwürfel darin glasig dünsten. Die Erdäpfel dazugeben und weich dünsten. Mit Prosecco ablöschen. Das restliche Gemüse dazugeben und mit 700 Millilitern Gemüsesuppe aufgießen. Das Gemüsegulasch mit Salz, Pfeffer und Thymian würzen. Das Paprikapulver und die passierten Tomaten hinzugeben und für zehn bis zwölf Minuten köcheln lassen.

Die Petersilie waschen und grob hacken. Die Tomaten waschen und halbieren. Den Mozzarella in grobe Stücke zupfen. Das Gemüsegulasch auf Schüsseln verteilen. Mit frischer Petersilie garnieren. Mit dem gezupften Mozzarella das Gulasch garnieren.

Für die Zubereitung im Dampfgarer die Zwiebel- und Knoblauchwürfel gemeinsam mit den Erdäpfeln in einen Garbehälter geben und im Dampfgarer bei 100 °C weich dünsten.

Den Prosecco, das restliche Gemüse und die Gemüsesuppe dazugeben. Das Gemüsegulasch mit Salz, Pfeffer und Thymian würzen. Das Paprikapulver und die passierten Tomaten hinzugeben und das Gulasch im Dampfgarer für zehn bis zwölf Minuten fertig dämpfen.

Süßes Tommerl

althergebracht

Polenta-Auflauf mit Steinobst & Pistazienbrösel

Wiener Backzucker ist beim Backen immer die richtige Wahl. Ob im feinen Kuchen, zarten Biskuitteig oder in raffinierten Torten; seine feinen, weißen Kristalle mischen sich spielend leicht unter die anderen Zutaten.

4 Portionen als Hauptgang, 6 Portionen als Nachspeise | Zeit: 1 Stunde

Zutaten

350 g Zwetschgen
300 g Marillen
Zesten ½ Bio-Zitrone
1 l Milch
100 ml Eierlikör
150 g Wiener Zucker Gelbzucker
250 g Polenta
3 Eier (Größe L)
Wiener Zucker Staubzucker zum Bestreuen (aus der Mühle)
Butter für die Form

Pistazienbrösel

150 g Pistazien (gerieben)
40 g Butter
50 g Wiener Zucker Backzucker
¼ TL Zimt
70 g Vollkornsemmelbrösel

Eierlikör | 500 ml

100 g Wiener Zucker Bio Staubzucker
Mark einer Vanilleschote
125 ml Kondensmilch
50 ml Vollmilch
225 ml Weinbrand

Zubereitung

Den Backofen auf 175 °C Heißluft vorheizen. Eine runde Auflaufform ausbuttern.

Die Zwetschgen und die Marillen waschen, halbieren und entkernen. Die Bio-Zitrone heiß waschen und die Zesten abreiben. Die Milch mit dem Eierlikör, der Zitronenschale und dem Zucker in einem Topf erhitzen. Wenn die Milch köchelt, die Polenta unterrühren und einige Minuten unter Rühren köcheln lassen. Vom Herd nehmen und die Eier unterheben. Die Masse gleichmäßig in die ausgebutterte Form füllen. Die Zwetschgen- und Marillenhälften mit der Schnittfläche nach oben darauf verteilen. Das süße Tommerl im vorgeheizten Backofen bei 175 °C für 40 Minuten backen.

Für die Pistazienbrösel die Pistazien schälen und fein mahlen. Die Butter in einer Pfanne schmelzen. Zucker, Zimt und geriebene Pistazien sowie die Brösel darin goldbraun anrösten.

Das süße Tommerl noch warm mit den Pistazienbröseln garniert servieren.

Für den Eierlikör die Eier trennen. Den Staubzucker in eine Schüssel sieben. Die Eigelb mit dem Staubzucker in der Küchenmaschine für einige Minuten cremig aufschlagen. Das Vanillemark einrühren.

Die Kondensmilch mit der Vollmilch und dem Weinbrand vermischen und unter Rühren zur Masse hinzugeben. In eine Schüssel geben und im Kühlschrank für fünf bis sechs Stunden kalt stellen. Den Schaum abschöpfen und in Flaschen abfüllen. Vor dem Verwenden schütteln.

Catrin's Tipp

Das süße Tommerl schmeckt warm als Mehlspeise am besten.

Hollerstrauben

Traditionell

Gebackene Holunderblüten

Steht der Sommer in den Startlöchern, sind sie nicht weit.
Die blühenden Hollersträuche laden zum Saft und Kracherl machen ein.
Besonders gut schmecken diese in Teig getunkt und ausgebacken als süße Hollerstrauben.

2 Portionen | Zeit: 30 Minuten

Zutaten

16 Stück Hollerstrauben
4 Eier
200 g Mehl
240 ml Milch
350 ml BONA Öl
(zum Ausbacken)
Staubzucker

Zubereitung

Die frischen Hollerblüten waschen und auf Küchentuch trocknen. Die Eier mit dem Mehl und der Milch zu einem glatten Teig verrühren.

Das BONA Öl in einem Topf erhitzen. Die Hollerblüten in den Teig tauchen und im heißen Öl ausbacken. Mit reichlich Staubzucker bestreut servieren.

... aus Omas Rezeptschatz

fruchtig

Topfen Kirsch Auflauf

Clafoutis mit Kirsch-Joghurt-Eis

Clafoutis ist eine französische Süßspeise aus Eierteig. Schnell gemacht und wunderbar vielfältig, da man die verwendeten Früchte nach Lust und Laune variieren kann. Mit Topfen verfeinert wird Clafoutis zur feinen, österreichischen Mehlspeise.

12 Stück Clafoutis (Backform mit 28 cm Durchmesser) | Zeit: 1 Stunde

Zutaten

Clafoutis

Butter (für die Form)
5 Eier
50 g Zucker
1 Pkg. Vanillezucker
Mark einer Vanilleschote
100 g Mehl
½ Pkg. Backpulver
180 g Topfen
75 ml Alpenmilch
150 g Kirschen (frisch)
1 EL Mehl
Staubzucker zum Bestreuen

Eis

½ Bio-Zitrone
325 ml Trinkjoghurt natur
200 ml Schlagobers
2 EL Staubzucker
350 g Kirschen
(frisch und entsteint)

Zubereitung

Für das Eis die Zitrone heiß waschen und die Schale abreiben. Das Trinkjoghurt mit dem Schlagobers, Staubzucker und den Zitronenzesten vermischen. Die Kirschen waschen, entsteinen und sehr fein pürieren. Unter die Masse heben. Die Masse in die Eismaschine geben.

Für das Clafoutis den Backofen auf 180 °C Heißluft vorheizen. Eine runde Backform mit Butter einfetten. Die Eier mit dem Zucker mehrere Minuten in der Küchenmaschine schaumig schlagen. Mehl, Vanillezucker, Topfen und Milch löffelweise unter Rühren unter die Masse heben. Das Mark einer Vanilleschote auskratzen und unter die Masse mischen.

Die Kirschen waschen, abtropfen lassen und mit einem Esslöffel Mehl vermischen. Das verhindert, dass die Kirschen auf den Teigboden sinken können.

Den Teig in die Backform füllen, die Kirschen auf dem Teig verteilen. Das Clafoutis im vorgeheizten Backofen bei 180 °C Heißluft für rund 35 Minuten backen. Mit reichlich Staubzucker bestreuen und mit einer Kugel Joghurt-Kirsch-Eis servieren.

Catrin's Tipp

Das Clafoutis unbedingt warm essen.

... schmeckt am besten mit einem Glas SalzburgMilch.

Topfen Kirsch Knedl

Leibspeis

Topfenknödel mit Kirschfüllung

6 große Knödel, 2 Portionen | Zeit: 30 Minuten

Zutaten

Topfenteig

1 Pkg. Mehlspeistopfen
(entspricht 275 g)
75 g Butter (weich)
1 Ei (Größe L)
135 g Weizenmehl (universal)
150 g stückige Kirschmarmelade /
(alternativ Erdbeeren)
Rezept Marmelade
siehe Seite 76

Brösel

100 g Butter
150 g Vollkornbrösel
3 EL Zucker
¼ TL Zimt

Zubereitung

Für den Topfenteig den Mehlspeistopfen mit weicher Butter, dem Ei und dem Mehl zu einem glatten Teig verkneten. Den Teig auf einer bemehlten Arbeitsfläche zu einer Rolle formen und Kreise abschneiden. Die Kreise mit den Fingern etwas auseinander ziehen und je einen Esslöffel der Kirschmarmelade in den Teig einschlagen. (Alternativ je eine Erdbeere in den Teig einschlagen.) Den Teig zu runden Knödeln formen.

Für die Brösel die Butter in einer Pfanne erhitzen. Die Brösel in die Pfanne geben. Zucker und Zimt dazugeben und die Brösel unter Rühren darin anrösten.

Reichlich Wasser mit einer Prise Salz erhitzen. Die Knödel für acht bis zehn Minuten darin auf mittlerer Stufe köcheln lassen, bis die Knödel oben schwimmen. Die Knödel aus dem Wasser holen, etwas abtropfen lassen und in den Bröseln wenden.

Die Topfenknödel mit reichlich Zimtbrösel und Staubzucker bestreut servieren.

Catrin's Tipp

Die Topfenknödel schmecken auch ungefüllt
mit einem Klecks Marmelade oder mit Kompott und Bröseln.

Polenta Topfen Auflauf

gut vorzubereiten

Hauptgericht oder schnelle Mehlspeis'

1 kleine Auflaufform | Zeit: 1 Stunde

Zutaten

475 ml Milch
25 g Butter
1 Pkg. Vanillezucker
3 EL Staubzucker
70 g Polenta
3 Eier (Größe L)
3 EL Staubzucker
Zesten ½ Bio-Zitrone
350 g Topfen
Butter (für die Form)

Zubereitung

Den Backofen auf 175 °C Umluft vorheizen.

Die Milch mit der Butter aufkochen lassen. Vanillezucker und drei Esslöffel Staubzucker einrühren. Die Polenta einrühren und etwas einköcheln lassen. Die Eier trennen und das Eiweiß mit drei Löffeln Staubzucker aufschlagen. Die Bio-Zitrone heiß waschen, die Zesten abreiben und unter die Masse heben.

Den Topfen und die Eigelb mit der Polenta-Mischung glatt rühren. Den Eischnee unterheben. Die Masse in eine gebutterte Form füllen und im vorgeheizten Ofen für 50 Minuten backen.

... schnell & einfach.

Almsommer

Schwarzbeer Rahm Schmarrn

Kaiserschmarrn mit Heidelbeeren & Sauerrahm aus dem Ofen

4 Portionen als Nachspeise | Zeit: 35 Minuten

Zutaten

5 Eier
2 EL Zucker
Zesten ½ Bio-Zitrone
2 Kappen Rum
400 g Sauerrahm
3 EL Mehl
½ Pkg. Backpulver
etwas Butter
150 g Schwarzbeeren
75 g Schwarzbeeren zum Garnieren
etwas Staubzucker zum Servieren

Zubereitung

Die Eier mit dem Zucker mehrere Minuten in der Küchenmaschine aufschlagen, bis sich die Masse verdreifacht hat und eine dickliche weiße Creme entsteht.

Die Bio-Zitrone heiß waschen und die Zesten abreiben. Die Zitronenzesten und den Rum zur Masse hinzufügen. Löffelweise den Sauerrahm unter Rühren unter die Masse heben. Das Mehl mit dem Backpulver vermischen und nach und nach unter die Masse heben. Die Schwarzbeeren unter die Schmarren-Masse heben.

Die Butter in einer Pfanne schmelzen, die Schmarren-Masse eingießen und im vorgeheizten Backofen bei 175 °C Heißluft circa 25 Minuten backen. Mit einem Pfannenwender in Stücke reißen. Mit den Beeren und dem Staubzucker garniert noch warm servieren.

Catrins Tipp

Dazu passen ein Glas SalzburgMilch Premium Alpenmilch und eine hausgemachte Vanillesauce.

Knusprige Beerentarte

verführerisch

Werden Füllungen und Cremen nicht mehr gebacken, kommt extrafeiner Puderzucker zum Einsatz. Er ist noch feiner vermahlen als Staubzucker und ideal für Toppings, Spritzglasuren oder feine Cremen.

1 Tarte à 24 cm Durchmesser, 12 Stück | Zeit: 1 Stunde (ohne Ruhezeit)

Zutaten

100 g Butter (kalt)
75 g Wiener Zucker Braunzucker
3 EL Haselnüsse/Walnüsse (gerieben)
180 g Dinkel(vollkorn)mehl (alternativ Weizenmehl)
1 Ei

Füllung

400 g Mascarpone
550 g Topfen (cremig)
130 ml Naturjoghurt (stichfest)
Mark einer Vanilleschote
90 g Wiener Zucker Puderzucker
50 ml Zitronensaft
Zesten ½ Bio-Zitrone
500 g Beeren (Erdbeeren, Schwarzbeeren, Himbeeren, Brombeeren)
Minze & geröstete Haselnüsse zum Garnieren

Zubereitung

Die Walnüsse in einer Pfanne kurz anrösten. Die kalte Butter in Stücke schneiden. Das Mehl mit dem Ei, dem Zucker und den gerösteten und geriebenen Nüssen rasch zu einem Mürbteig verkneten. Den Teig für mindestens 30 Minuten kalt stellen. Den Teig aus dem Kühlschrank nehmen und gleichmäßig auf einer bemehlten Arbeitsfläche 5 mm dünn ausrollen. In eine runde Tarteform geben und mit der Gabel einstechen. Den Tarteboden für 30 Minuten im vorgeheizten Backofen bei 175 °C Heißluft auf mittlerer Schiene blindbacken*.

Für die Creme die Mascarpone mit dem Topfen und dem Naturjoghurt verrühren. Das Mark einer Vanilleschote auskratzen und mit dem Puderzucker und dem Zitronensaft in die Creme einrühren. Eine halbe Bio-Zitrone heiß waschen, die Zesten abreiben und in die Creme einrühren. Die Creme in die ausgekühlte Tarte füllen und mit frischer Minze, Haselnüssen und den Beeren garnieren.

*Blindbacken verhindert, dass der Teig durchweicht, Luftblasen schlägt oder seine Form verliert. Dabei wird die Tarte vor dem Blindbacken mit Backpapier bedeckt und mit getrockneten Hülsenfrüchten beschwert. Nach dem Backen die Hülsenfrüchte entfernen. Diese können immer wieder verwendet werden.

Catrin's Tipp

Mit der Wiener Staubzucker Mühle bestreuen und servieren.

Såndgugelhupf

Basisrezept

Steirischer Rührgugelhupf

1 Gugelhupf, 12 Stück | Zeit: 1 Stunde

Zutaten

220 g Butter
100 g Staubzucker
2 Kappen Rum
1 Pkg. Vanillezucker
1 TL Zitronenschale (gerieben)
4 Eier
ein Schuss Milch
200 g Mehl
50 g Maisstärke
80 g Kristallzucker
Butter (für die Form)

Zubereitung

Den Backofen auf 175 °C Umluft vorheizen. Eine Gugelhupfform ausbuttern.

Die Butter mit Staubzucker, Rum, Vanillezucker und geriebener Zitronenschale schaumig rühren.

Die Eier trennen. Die Eigelb nach und nach einrühren. Einen Schuss Milch einrühren. Mehl und Maisstärke vermischen und nach und nach dazugeben.

Das Eiweiß mit Kristallzucker zu Schnee aufschlagen. Zum Schluss unter die Masse heben. Im vorgeheizten Backofen für 50 Minuten backen. Anschließend aus der Form stürzen und auskühlen lassen. Den Kuchen mit Staubzucker bestreut und optional einem Cake Topper (Girlande) verziert servieren.

… ideal für den Nachmittagstee oder Kaffee.

Catrins Tipp

Wer mag, kann den Sandgugelhupf mit Zuckerglasur garnieren.

Roabeerroulad

Cremige Erdbeerroulade

köstlich sommerlich

Für den luftigsten und gelingsicheren Biskuitteig müssen Eier nicht getrennt werden. In einer starken Küchenmaschine wie der Kenwood Chef Titanium die Eier mit dem Zucker mehrere Minuten lang aufschlagen, bis eine dickliche Creme entsteht. Diese ersetzt den Eischnee.

1 Roulade | Zeit: 1 Stunde

Zutaten

Biskuit
6 Eier
200 g Staubzucker
5 EL Sonnenblumenöl
Mark einer Vanilleschote
200 g Mehl
1 Pkg. Backpulver

optional: 1 Kappe Rum

1 Bogen Backpapier/
1 Küchentuch

Füllung
600 g Erdbeeren
500 ml Schlagobers
2 EL Staubzucker
2 Pkg. Vanillezucker
Mark einer Vanilleschote
200 g Topfen
Zesten ¼ Bio-Zitrone

Zubereitung

Für den Biskuit den Backofen auf 175 °C Heißluft vorheizen. Die Eier mit dem Zucker einige Minuten in der Küchenmaschine aufschlagen, bis eine dickliche, weiße Creme entsteht. Das Öl und das Mark einer Vanilleschote in die Zucker-Ei-Masse einrühren. Mehl und Backpulver vermischen und unter Rühren unterheben. Optional eine Kappe Rum in den Teig einrühren.

Den Teig auf ein mit Backpapier belegtes Backblech gießen, gleichmäßig verteilen und im vorgeheizten Backofen auf mittlerer Schiene bei 175 °C für 20 Minuten backen. Anschließend aus dem Ofen nehmen, sofort auf einen Bogen Backpapier oder ein Küchentuch stürzen und zu einer Roulade einrollen. Eingerollt vollständig auskühlen lassen.

Für die Füllung zwei Drittel der Erdbeeren waschen, putzen und fein würfeln. Den Schlagobers mit dem Staubzucker, dem Vanillezucker und dem Mark einer Vanilleschote steif schlagen. Den Topfen unterheben. Eine Bio-Zitrone heiß waschen, ein Viertel der Zesten einer Zitrone abreiben und in die Creme einrühren.

Die Roulade ausrollen. Zwei Drittel der Creme gleichmäßig auf die Roulade streichen, die Erdbeerstücke darauf verteilen, anschließend wieder einrollen. Die Roulade außen mit der restlichen Creme bestreichen, diese etwas „verspachteln". Die restlichen Erdbeeren halbieren und die Roulade mit den frischen Erdbeeren garnieren.

... ein Sommer(kuchen)traum für die ganze Familie.

Obstkuchen vom Blech

in zwei Versionen | Schoko-Zwetschge & Nuss-Marille

1 Masse = 2 Kuchen

Kein Sommer ohne Marillen- oder Zwetschgenkuchen. Dieses Grundrezept lässt sich mit ein paar Kniffen in zwei verschiedene Massen verwandeln und mit allen Sorten Steinobst zubereiten.

je 1 Blech | Zeit: je 1 Stunde

Schoko-Zwetschge

Zutaten

5 Eier
150 g Zucker
250 g Butter
200 ml Schokolikör
Mark einer Vanilleschote
1 Pkg. Backpulver
375 g Mehl
5 EL echter Kakao
120 g Haselnüsse
(gerieben & geröstet)
1 kg Zwetschgen

Zubereitung

Die Eier mit dem Zucker schaumig schlagen. Die Butter schmelzen, den Likör, die geschmolzene Butter und das Mark einer Vanilleschote unterrühren. Das Backpulver mit dem Mehl, dem Kakao und den Haselnüssen vermischen und unterheben.

Ein Backblech mit Backpapier belegen, die Masse darauf verteilen. Die Zwetschgen halbieren und entsteinen. Die Zwetschgen mit der Schnittfläche nach oben auf der Kuchenmasse verteilen.

Im vorgeheizten Backofen bei 175 °C Heißluft 30 Minuten backen.

Nuss-Marille

Zutaten

5 Eier
175 g Zucker
250 g Butter
230 ml Nusscremelikör
Mark einer Vanilleschote
1 Pkg. Backpulver
375 g Mehl
3 EL echter Kakao
120 g Haselnüsse
(gerieben & geröstet)
1 kg Marillen

Zubereitung

Die Eier mit dem Zucker schaumig schlagen. Die Butter schmelzen, den Likör, die geschmolzene Butter und das Mark einer Vanilleschote unterrühren. Das Backpulver mit dem Mehl, dem Kakao und den Haselnüssen vermischen und unterheben.

Ein Backblech mit Backpapier belegen, die Masse darauf verteilen. Die Marillen halbieren und entsteinen. Die Marillen mit der Schnittfläche nach oben auf der Kuchenmasse verteilen.

Im vorgeheizten Backofen bei 175 °C Heißluft 30 Minuten backen.

mit Steinobst jeder Sorte.

Am besten zubereitet...

Holler Zitronen Torte

mit Erdbeeren

*Eine Sommertorte, wie sie im Buche steht!
Saftige Zitronenböden treffen auf eine süße Creme aus Mascarpone und Holunder.
Wer mag, kann die Creme auch mit klein gestückelten Erdbeeren verfeinern.*

1 Torte mit 24 cm Durchmesser | Zeit: 1 Stunde 30 Minuten

Zutaten

Tortenböden

250 g Butter
275 g Kristallzucker
Mark einer Vanilleschote
8 Eier (Größe M)
125 g Dinkelmehl
1,5 Pkg. Backpulver
1 Prise Salz
100 ml Milch
50 ml Holunderblütensirup
6 EL Zitronensaft
Zesten einer Bio-Zitrone

Creme

500 g Mascarpone
200 ml Schlagobers
3 EL Holunderblütensirup
250 g Puderzucker
150 g Erdbeeren
frische Blüten zum Dekorieren

Rezept Holunderblütensirup
siehe Seite 138

Zubereitung

Den Backofen auf 180 °C Ober- und Unterhitze vorheizen. Zwei Springformen mit Backpapier auslegen und die Ränder darauf festziehen.

Für die Tortenböden die Butter schmelzen. Die Eier mit dem Zucker schaumig schlagen. Die Butter etwas abkühlen lassen und unter Rühren nach und nach zur Zuckermischung geben. Das Mark einer Vanilleschote auskratzen und hinzufügen. Das Mehl mit dem Backpulver und dem Salz vermischen. Die Mehlmischung mit der Milch und dem Sirup zur Eiermasse geben und kurz, aber gründlich, umrühren.

Den Teig in den mit Backpapier ausgelegten Formen verteilen und glatt streichen. Auf zweiter Schiene von unten circa 40 bis 45 Minuten goldbraun backen.

Die Formen aus dem Ofen nehmen und circa fünf Minuten abkühlen lassen. Die Ränder der Formen entfernen und die Tortenböden auf ein Kuchengitter stürzen. Das Backpapier abziehen.

Vier Esslöffel Sirup mit dem Zitronensaft verrühren und die Tortenböden damit gleichmäßig beträufeln. Anschließend vollständig auskühlen lassen.

Für die Creme die Mascarpone mit dem Schlagobers, dem Holunderblütensirup und dem Puderzucker zu einer glatten Creme verrühren. Anschließend die Creme kalt stellen.

Einen der Tortenböden auf einem Kuchenteller platzieren und mit der Creme bestreichen. Anschließend einen weiteren Tortenboden auf die Creme setzen. Mit reichlich Creme bestreichen. Die Torte mit frischen Blüten und reichlich mit klein gestückelten Erdbeeren garnieren.

Catrin's Tipp

Der Teig kann statt mit Holunderblütensirup mit Eierlikör aromatisiert werden.

Sommer Gugelhupf

sommerlich

Schwarzbeer-Joghurt-Napfkuchen

Der Schwarzbeer-Gugelhupf kann mit allen Beerensorten zubereitet werden. Er lässt sich gut transportieren und ist damit ein ideales Picknickgericht.

1 Gugelhupf, 12 Stück | Zeit: 1 Stunde

Zutaten

175 g Tiefkühl-Beerenmischung (alternativ frische Beeren)
200 g Butter (alternativ Kokosöl)
180 g Zucker
2 TL Vanillezucker
1 Prise Salz
4 Eier
Zesten ½ Bio-Zitrone
100 g Naturjoghurt
225 g Mehl
50 g Speisestärke

Zubereitung

Den Backofen auf 175 °C Umluft vorheizen. Eine Gugelhupfform ausbuttern.

Für den Kuchen die Beerenmischung auftauen lassen. Die Butter (oder das Kokosöl) schmelzen, den Zucker und den Vanillezucker hinzufügen, eine Prise Salz untermischen und die Eier unterheben. Mehrere Minuten in der Küchenmaschine gut aufschlagen. Die Bio-Zitrone heiß waschen, die Zesten abreiben. Anschließend die Zitronenzesten und das Naturjoghurt unter die Masse heben.

Das Mehl mit der Stärke mischen, nach und nach unter Rühren unter den Teig heben. Zum Schluss vorsichtig die Beeren unterheben.

Den Teig gleichmäßig in die Gugelhupfform füllen und 50 Minuten backen. Den Gugelhupf anschließend heiß aus der Form stürzen und mit Staubzucker garniert servieren.

Fruchtige Sommerliebe

Hingucker

Joghurt-Marillen-Trifle im Glas

6 Portionen | Zeit: 45 Minuten

Zutaten

Biskuit

3 Eier
100 g Staubzucker
100 g Mehl
½ Pkg. Backpulver

Creme

300 g Naturjoghurt (stichfest)
300 g Topfen
Saft ½ Bio-Zitrone
Zesten ½ Bio-Zitrone
Mark einer Vanilleschote
5 EL Marillenlikör
(alternativ Fruchtlikör)
400 g gemischte Früchte nach Wahl (z.B: Marillen, Beeren, Äpfel, Weintrauben etc.)
8 EL Marillenmarmelade

Zubereitung

Die Eier mit dem Staubzucker mehrere Minuten zu einer fluffigen Masse aufschlagen. Mehl und Backpulver unter Rühren unterheben. In eine mit Backpapier ausgelegte Backform (ca. 32 x 20 cm) oder ein halbiertes Backblech geben und im vorgeheizten Ofen 30 Minuten bei 175 °C Heißluft backen. Anschließend auskühlen lassen.

Für die Creme Joghurt mit Topfen vermischen. Die Bio-Zitrone heiß waschen, die Zesten abreiben, den Saft auspressen. Den Saft einer halben Zitrone, die Zitronenzesten und das Vanillemark zur Joghurt-Topfen-Creme geben.

Mit einem Glas oder einem Anrichtering Kreise aus dem Biskuit ausstechen und mit Marillenlikör bestreichen. Die Biskuitkreise in Gläser geben. Marmelade obenauf geben. Creme einfüllen und nochmals Marmelade obenauf geben. Eine Biskuitschicht obenauf geben, mit Marmelade bestreichen. Mit Creme abschließen und mit saisonalen Früchten garnieren.

Rezept Marillenmarmelade siehe Seite 76

Catrins Tipp

Das Rezept ist ein Grundrezept für Biskuit.
Wer einen Biskuit-Blechkuchen backen möchte, kann die Menge verdoppeln und auf einem mit Backpapier ausgelegten Backblech backen. Je nach Wunsch mit Creme und Früchten belegen.

Schwarzbeer Nudl

Heidelbeer-Blechkuchen

leicht

Ein Nudl ist in meiner Heimat, dem Salzburger Lungau, kein Pastagericht, sondern ein Dialektwort für Kuchen.

1 Blech | Zeit: 50 Minuten

Zutaten

Biskuit-Öl-Teig

4 Eier
135 g Zucker
2 Pkg. Vanillezucker
1 Schuss Rum
280 g Mehl
½ Pkg. Backpulver
100 ml Öl
125 ml Milch
450 g Schwarzbeeren (Heidelbeeren)
Staubzucker zum Bestreuen

Zubereitung

Den Ofen auf 160 °C Umluft vorheizen. Die Eier mit dem Zucker und dem Vanillezucker aufschlagen. Den Rum, das Mehl, Backpulver und Öl einrühren. Zum Schluss die Milch einrühren.

Ein Backblech mit Backpapier belegen oder mit Butter einfetten. Die Masse darauf verteilen. Zwei Drittel der Schwarzbeeren darauf verteilen.

Rund 15 Minuten backen, anschließend die restlichen Schwarzbeeren obenauf geben und für 25 Minuten weiterbacken.

Den Blechkuchen auskühlen lassen und mit Staubzucker bestreut servieren.

Catrin's Tipp

Der Kuchen kann auch mit Himbeeren, Brombeeren oder gemischten Beeren gebacken werden.

Schwarzbeer Küchlein

Heidelbeer-Joghurt-Muffins

Frühstückslieblings

8 Küchlein | Zeit: 30 Minuten

Zutaten

160 g Haferflocken (alternativ Vollkorn-Haferflocken)
100 g Vollkorn-Weizenmehl
½ Pkg. Backpulver
1 Ei (Größe L)
150 ml Milch
100 ml Buttermilch
3 EL Honig
100 g Himbeeren (gefroren oder frisch)
100 g Schwarzbeeren (gefroren oder frisch)

optional: Mark einer Vanilleschote

Zubereitung

Den Backofen auf 180 °C Heißluft vorheizen. Eine Muffinform mit acht Förmchen auslegen. Die Haferflocken mit dem Mehl und dem Backpulver vermischen. Das Ei mit der Milch und der Buttermilch schaumig aufschlagen und den Honig einrühren. Die flüssigen mit den trockenen Zutaten vermischen. Optional das Vanillemark einrühren.

Die Beeren unterheben. Die Masse auf acht Muffinförmchen verteilen und im vorgeheizten Backofen bei 180 °C Heißluft für 20 bis 22 Minuten backen.

Etwas auskühlen lassen und frisch genießen.

Catrins Tipp

Die Heidelbeer-Joghurt-Muffins können mit Beeren jeder Art zubereitet werden.

Hollerkracherl & Hollersaft

prickelnd

Holunderblütenlimonade & Holunderblütensirup

Wenn der Holler zu blühen beginnt, füllt sich die Luft mit dem süßlichen Duft der zarten Blüten. Der Geruch von frischem, perlendem Hollerkracherl ruft Kindheitserinnerungen wach. Meine Oma hat literweise Hollerkracherl zubereitet.

Holunderblütenlimonade

Zutaten

ca. 16 Holunderblüten
10 l Wasser
2-3 Bio-Zitronen
1 kg Zucker
¼ Liter Weißweinessig/
Apfelessig

für 10 Liter
Zeit: 4 Tage

Zubereitung

Die Holunderblüten frisch ernten und gut waschen. Die Holunderblüten mit dem Wasser in ein großes, verschließbares Gefäß oder einen Kübel geben. Die Zitronen in Scheiben schneiden. Mit dem Zucker in das Gefäß dazugeben. Den Essig hinzufügen. Den Deckel auf den Kübel geben und die Mischung an einem kühlen Ort für vier Tage ziehen lassen. Nach vier Tagen das Hollerkracherl abseihen und in Flaschen abfüllen.

Hollerkracherl entsteht durch die Zugabe von Essig zum angesetzten Saft. Dadurch beginnt dieser zu gären und damit zu perlen.

Tipp: Plastikflaschen verwenden und diese nicht ganz befüllen.

Holunderblütensirup

Zutaten

40-45 Holunderblüten
2 Liter Wasser
1 kg Sirupzucker
30 g Zitronensäure
3 Bio Bio-Zitronen

rund 25 Portionen
Zeit: 40 Minuten

Zubereitung

Die Holunderblüten frisch nach dem Ernten vorsichtig waschen und anschließend die dicken Stängel abschneiden. Das Wasser mit dem Sirupzucker aufkochen. In Scheiben geschnittene Zitronen und Zitronensäure dazugeben und noch kurz ziehen lassen. Die Mischung in ein Gefäß füllen. Die Holunderblüten hinzufügen. Zudecken und an einem dunklen und kühlen Ort für vier bis fünf Tage ziehen lassen. Anschließend durch ein feines Passiersieb pressen oder durch ein Küchentuch in einen Topf gießen. Noch einmal aufkochen lassen. In saubere, verschließbare Flaschen füllen und an einem kühlen, dunklen Ort lagern.

Hält sich verschlossen rund sechs Monate.

Rosenblüten Holunder Bowle

berauschend

Sommerdrink für die Gartenparty

12 bis 14 Portionen | Zeit: 5 Minuten

Zutaten

2 Zitronen
2 Limetten
ca. 450 ml Lillet Blanc/Rosé
125 ml Holundersirup
Rezept siehe Seite 138
1 l Rosé Prosecco
(alternativ Rosé Wein)
3-4 EL Bio-Rosenblüten
(ungespritzt)
750 ml Mineralwasser
(prickelnd)

Zubereitung

Die Zitronen und die Limetten aufschneiden. Den Lillet mit dem Holunderblütensirup und dem Wein vermischen. Die Bio-Rosenblüten und Zitrusfrüchte hinzufügen.

Einige Stunden im Kühlschrank durchziehen lassen.

Mit prickelndem Mineralwasser auffüllen. Mit reichlich Eiswürfeln servieren und eisgekühlt genießen.

Catrins Tipp

Für eine leichtere Variante den Lillet blanc durch Bitter Lemon ersetzen.

Erdbeer Minz Drink

Sommermojito

beerig

Der Cocktail aus Kuba gehört weltweit nicht nur zu den bekanntesten und beliebtesten Sommergetränken. In der alkoholfreien Variante schmeckt der Sommermojito erfrischend und ist ein Hingucker im Glas. Mit Erdbeeren serviert ist er ein Dessert-Ersatz bei der Grillparty im Garten.

2 Portionen | Zeit: 5 Minuten

Zutaten

4 EL Rosenblüten-Sirup
2 Bio-Limetten
10 cl weißer Rum
10 cl Soda
200 g Erdbeeren
1 Handvoll Rosenblüten
1 Bund Minze (frisch)
1 Handvoll Eiswürfel (crushed)

für die alkoholfreie Variante
300 ml Tonic

Rosenblütensirup
75 g frische, ungespritzte Rosenblüten
500 ml Wasser
500 g Sirupzucker
Saft einer Zitrone

Zubereitung

Für den Mojito die Bio-Limetten heiß waschen, die Zeste einer Limette abreiben. Den Saft von zwei Limetten auspressen, mit dem Rosensirup in die Gläser geben. Den Rum in die Gläser geben. Die Erdbeeren waschen, putzen und ein paar Erdbeeren zur Seite stellen. Die restlichen Erdbeeren fein pürieren. Das Erdbeerpüree in die Gläser geben. Die Eiswürfel auf die Gläser verteilen und mit Soda auffüllen. Die Mojitos mit Erdbeeren garnieren. Die Minze waschen, trocken schütteln und grob hacken. Die Mojitos mit der Minze sowie Limettenzesten garniert und eisgekühlt servieren.

Für den Rosenblütensirup die Rosenblüten waschen. Mit dem Wasser in einen großen Topf geben. Aufkochen lassen und wenige Minuten weiterkochen. Den Topf vom Herd nehmen, das Rosenwasser für 10 bis 15 Minuten ziehen lassen.

Das Rosenwasser sieben und ohne die Rosenblüten erneut aufkochen. Wieder bis zu 20 Minuten ziehen lassen. Den Sud durch ein sehr feines Sieb laufen lassen und in einen sauberen Topf geben. Den Sud mit dem Zucker und dem Zitronensaft verrühren und erneut aufkochen. Diesen Sirup sofort in Flaschen abfüllen, verschließen und für fünf Minuten auf den Kopf stellen. Umdrehen und auskühlen lassen.

Catrin's Tipp

Für eine alkoholfreie Variante den weißen Rum und das Soda durch 300 ml Tonic ersetzen!

Blitz Kirsch Eis

zart schmelzend

Kirsch-Slush

Slush (oder auch Slushie) ist ein halbgefrorenes Trinkeis, dessen Konsistenz an Schneematsch erinnert. Slushies können mit verschiedensten gefrorenen Früchten zubereitet werden.

2 Portionen | Zeit: 5 Minuten

Zutaten

200 g Tiefkühl-Kirschen (entkernt)
1 TL Zitronensaft
3 EL Kirschsirup
15 Stk. Eiswürfel

Zubereitung

Alle Zutaten in einen Mixer geben und so lange mixen, bis die Konsistenz „slushy", also halbgefroren, erreicht ist.

In Gläser oder Tassen geben und sofort eisgekühlt genießen.

Herbst

Altweibersommer

Äpfel Walnuss Salat

mit Barrique-Dressing

4 Portionen | Zeit: 30 Minuten

Zutaten

150 g Rucola
3 Äpfel (groß)
50 g Walnusskerne
25 g brauner Zucker
25 ml Wasser
Saft ½ Zitrone
150 g Schafskäse

Dressing

5 EL Barrique Essig
1 TL Senf
1 TL Honig
5 EL Olivenöl
Salz & Pfeffer

Zubereitung

Den Zucker in eine Pfanne geben und mit dem Wasser aufkochen lassen. Die Walnusskerne dazugeben. Auf mittlerer Stufe unter Rühren einköcheln lassen. Anschließend auf einen mit Backpapier belegten Teller geben und auskühlen lassen.

Den Rucola waschen und trocken schütteln. Die Äpfel in dünne Streifen schneiden. Zusammen mit dem Salat in eine Schüssel geben.

Für das Dressing alle Zutaten miteinander vermischen und glatt rühren. Den Salat damit marinieren. Den Schafskäse zerbröseln und dazugeben. Mit den karamellisierten Walnusskernen garnieren.

Catrin's Tipp

Statt der Äpfel können auch Birnen verwendet werden.

Hadn Salat

Buchweizen-Salat mit Nüssen, roten Rüben & Karotten

Energiekick für den Herbst!
Ein guter und leichter Salat mit Buchweizen und viel Herbstgemüse, der lange satt macht, voller Superfoods ist und sich gut vorbereiten lässt.

4 Portionen | Zeit: 45 Minuten

Zutaten

250 g Hadn (Buchweizen), ganze Körner
1 rote Rübe (mittelgroß)
1 EL Olivenöl
1 EL Balsamico
Salz & Pfeffer
einige Blätter Thymian
2 Karotten (groß)
etwas Olivenöl
Salz & Pfeffer
1 Faust Vogerlsalat
2 Äpfel
4 EL Walnüsse

Dressing
6 EL Apfelessig
6 EL Olivenöl
2 TL Senf
2 TL Honig
Saft einer Zitrone
Kräutersalz & Pfeffer

Zubereitung

Den Hadn gut abwaschen und in der doppelten Menge gesalzenem Wasser auf mittlerer Hitze weichkochen. Die rote Rübe schälen (am besten mit Handschuhen!). In circa drei Millimeter dicke Scheiben schneiden. Auf ein Backblech legen, mit Olivenöl und Balsamico einstreichen, mit Salz und Pfeffer würzen und mit Thymian belegen. Im vorgeheizten Ofen bei 175 °C Heißluft für 25 bis 30 Minuten backen.

Die Karotten schälen. In etwas Olivenöl knusprig rösten. Salzen und pfeffern. Den Apfel waschen, vom Kerngehäuse befreien und in Schnitze schneiden.

Für das Dressing alle Zutaten miteinander vermischen und mit dem Pürierstab schaumig aufschlagen.

Den Hadn mit dem Dressing vermischen. Auf Tellern mit den gebackenen Rote-Rübe-Scheiben, knusprigen Karotten und frischem Vogerlsalat sowie den Apfelscheiben anrichten. Mit Nüssen garniert noch warm servieren.

Catrin's Tipp

Statt Buchweizen kann auch Quinoa oder Hirse verwendet werden.

Herbstsalat mit Grant'n Brot

Kürbissalat mit Ziegenfrischkäse-Crostini & Preiselbeeren

4 Portionen | Zeit: 30 Minuten

Zutaten

Herbstsalat

1 Hokkaido-Kürbis (mittelgroß)
etwas Olivenöl
200 g Kohlsprossen
100 g Spinat (frisch)
1 Apfel

Weißweindressing

3 Knoblauchzehen
3 EL Olivenöl
75 ml Weißwein
3-4 Pfefferkörner
1 TL Thymian
(frisch/getrocknet)
50 ml Olivenöl
1 EL Senf (mild)
Saft ½ Zitrone
Kräutersalz & Pfeffer

Crostini

8 Scheiben (Nuss-)Brot
Rezept Vollkornbrot
siehe Seite 14
3 EL Olivenöl
200 g Ziegenfrischkäse (mild)
2 EL Honig
4 EL Walnusskerne
4 EL Preiselbeeren
(frisch oder eingekocht)

Zubereitung

Für das Dressing den Knoblauch schälen und in dünne Scheiben schneiden. Drei Esslöffel Olivenöl in einer Pfanne erhitzen. Die Knoblauchscheiben darin glasig dünsten. Den Wein in einem separaten Topf auf geringer Hitze mit ein paar Pfefferkörnern und dem Thymian aufkochen lassen. Anschließend abseihen. Zusammen mit den restlichen Zutaten in ein hohes Gefäß geben und mit dem Stabmixer schaumig aufschlagen. Mit Kräutersalz und etwas Pfeffer würzen.

Für den Salat den Hokkaido-Kürbis waschen, putzen und in mundgerechte Stücke schneiden. Die Kohlsprossen waschen, die äußeren Blätter abtrennen und den Strunk abschneiden. Kreuzweise einschneiden. Den Kürbis in etwas Olivenöl in einer Pfanne bei mittlerer Hitze einige Minuten anrösten. Die Kohlsprossen in gesalzenem Wasser garen. Den Apfel vom Kerngehäuse befreien und in dünne Stifte schneiden. Den gerösteten Kürbis mit den Kohlsprossen, frischem Spinat und den Apfelstücken in tiefen Tellern anrichten. Mit dem Dressing garniert servieren.

Für die Crostini die Brotscheiben dünn mit Olivenöl bestreichen. Im vorgeheizten Ofen bei 180 °C Heißluft für ein paar Minuten kross backen. Die Walnüsse grob hacken und kurz in der Pfanne anrösten. Die Crostini aus dem Ofen nehmen, mit Ziegenfrischkäse bestreichen. Mit den Walnüssen sowie Preiselbeeren und Honig garniert noch warm servieren.

Rund & gesund ...

Käferbouhnl Salåt

eiweißreich

Steirischer Käferbohnensalat mit Radieschen-Kernöl-Dressing

Um den Geschmack des Käferbohnensalats zu intensivieren, können die Bohnen aufgeschnitten werden, bevor sie mit dem Dressing mariniert werden.

4 Portionen | Zeit: 30 Minuten (ohne Garzeit)

Zutaten

Dressing

¼ Bund Radieschen
⅛ l Apfelessig
⅛ l Steirisches Kürbiskernöl
Salz & Pfeffer
1 Handvoll Thymianzweige

Salat

500 g gekochte/
250 g getrocknete Käferbohnen
¾ Bund Radieschen
2 rote Zwiebeln
1 Prise Zucker
Salz & Pfeffer

Zubereitung

Für das Dressing die Radieschen waschen, putzen und sehr fein hacken. Den Essig mit dem Öl in einem verschließbaren Gefäß vermischen, die Radieschen untermischen und mit Salz und Pfeffer würzen. Den Thymian von den Zweigen zupfen und untermischen. Das Dressing gut durchschütteln.

Für den Salat die getrockneten Käferbohnen am Vortag in lauwarmem Wasser einweichen. Am Tag danach die eingeweichten Bohnen mit dem Bohnenwasser in einen Topf geben und für circa eineinhalb Stunden weichkochen. Bohnenkraut und etwas Zucker dazugeben. Nach der Hälfte der Kochzeit das Salz hinzufügen. Wenn die Bohnen gekocht sind, diese abseihen.

Die Zwiebeln schälen und in Streifen schneiden. Die Radieschen waschen, putzen und in Scheiben schneiden. Die Bohnen mit den Zwiebeln und den Radieschen sowie einer Prise Zucker in eine Schüssel geben und mit dem Dressing marinieren. Zum Schluss erneut mit Salz und Pfeffer abschmecken. Den Salat vor dem Servieren gut durchziehen lassen.

Catrin's Tipp

Der Käferbohnensalat kann noch mit frisch geriebenem Kren verfeinert werden.

… veganes Rezept

Erntegemüse Eintopf

für Gemüsefans

Minestrone mit Herbstgemüse

6 Portionen | Zeit: 45 Minuten

Zutaten

1 violette Zwiebel (groß)
1-2 Knoblauchzehen
½ Hokkaido-Kürbis
1 Zucchini
(mittelgroß, entspricht 200 g)
2 Karotten (groß)
1 Brokkoli (klein)
1 Karfiol (klein)
4 EL Olivenöl
1 Dose Tomaten (gewürfelt)
1 Dose Bohnen
(entspricht 200 g)
3-4 Zweige Thymian
Salz & Pfeffer
1,2 l Gemüsesuppe
60 g Parmesan (gerieben)

optional
60 g Pasta (Penne, Spiralen)
optional
Backerbsen zum Verfeinern

Zubereitung

Die Zwiebel und den Knoblauch putzen, schälen und fein würfeln. Den Kürbis waschen, putzen und vom Kerngehäuse befreien. Die Zucchini putzen, halbieren und in Scheiben schneiden. Die Karotten putzen, schälen und in Scheiben schneiden. Den Brokkoli und den Karfiol vom Stiel befreien und in Rosen zupfen.

Etwas Olivenöl in einem großen Topf erhitzen, die Zwiebel- und Knoblauchwürfel darin glasig dünsten. Brokkoli, Karfiol, Karotten und Kürbis hinzugeben und kurz anrösten. Die Tomatenwürfel und die Bohnen hinzufügen, mit Salz, Pfeffer und den Kräutern würzen. Mit der Gemüsesuppe aufgießen. Nach zehn Minuten das restliche Gemüse hinzufügen und für rund 15 Minuten köcheln lassen.

Optional: Die Pasta in reichlich gesalzenem Wasser garen. Zum Schluss unter die Minestrone heben. Die Minestrone mit frisch geriebenem Parmesan und Backerbsen servieren.

Tipp: Die herbstliche Gemüseminestrone ist ein praktisches Resteverwertungsrezept und kann mit allen (Herbst-)Gemüsesorten zubereitet werden.

Catrins Tipp

Zubereitet mit Vollkorn-Pasta ist der Erntegemüse-Eintopf sättigend und gesund.

Schårfe Suppn

Krenschaumsuppe mit Kren-Crostini

Kren (Meerrettich) ist besonders in der steirischen Küche beheimatet. Diese Spezialität ist würzig und zeichnet sich durch eine einzigartige Schärfe aus. Er ist bei Buschenschank-Gerichten, Tafelspitz und auch bei einer Brettljause nicht wegzudenken.

2 Portionen | Zeit: 30 Minuten

Zutaten

1 Zwiebel
2 EL Olivenöl
350 g Erdäpfel
175 g Mautner Markhof Kren würzig-scharf
1 l Gemüsesuppe
175 ml Schlagobers
Salz & Pfeffer

Crostini

12 Scheiben Baguette/Ciabatta
4 EL Olivenöl
100 g Mautner Markhof Oberskren

zum Toppen

2 EL Radieschen (gehackt)
1 EL Kräuter (gehackt)
etwas Olivenöl
2 EL geröstete Haselnüsse

Zubereitung

Die Erdäpfel schälen und würfeln. Die Zwiebel schälen und fein würfeln. Etwas Olivenöl in einem großen Topf erhitzen. Die Zwiebelwürfel darin glasig dünsten. Die Erdäpfelwürfel dazugeben und ein paar Minuten unter Rühren anschwitzen. Anschließend mit Suppe aufgießen und circa 20 Minuten köcheln lassen. Den Kren dazugeben, mit Schlagobers verfeinern und mit einem Pürierstab cremig aufmixen. Mit Salz und Pfeffer abschmecken. Die Radieschen waschen, putzen und sehr fein hacken. Mit etwas Olivenöl und gehackten Kräutern vermischen. Die Krenschaumsuppe mit der Radieschen-Kräuter-Mischung und den gerösteten Haselnüssen garnieren.

Für die Crostini den Backofen auf 200 °C Ober- und Unterhitze vorheizen. Die Baguette- oder Ciabatta-Scheiben auf einer Seite dünn mit Öl bestreichen. Im vorgeheizten Backofen bei 200 °C für drei bis vier Minuten auf mittlerer Schiene rösten. Mit dem Oberskren bestreichen und warm zur Suppe servieren.

Erdäpfel Spinatschnitzerl

mit zweierlei Dips

6 Laberln | Zeit: 1 Stunde

Zutaten

400 g Erdäpfel
125 g Spinat (frisch)
1 violette Zwiebel (groß)
1 Knoblauchzehe (groß)
100 g Knödelbrot
1 EL BONA
Geschmacksöl Knoblauch
Salz & Pfeffer
reichlich BONA Geschmacksöl
Knoblauch (zum Ausbacken)
30 g Butter

Kräuter-Sauerrahm-Dip
½ Bund Petersilie (frisch)
1 rote Zwiebel (klein)
150 g Sauerrahm
1 TL Senf
Kräutersalz & Pfeffer

Knoblauch-Sauerrahm-Dip
1 Knoblauchzehe (groß)
Zesten ½ Bio-Zitrone
250 g Sauerrahm
1 TL BONA
Geschmacksöl Knoblauch
Salz & Pfeffer

Zubereitung

Für die Laberln die Erdäpfel in reichlich gesalzenem Wasser kochen und anschließend schälen und würfeln. Den Spinat in ein paar Esslöffeln Wasser blanchieren, anschließend abgießen und ausdrücken. Die Zwiebel und den Knoblauch putzen, schälen und sehr fein würfeln. Die Erdäpfelwürfel mit dem gehackten Knoblauch und den Zwiebelwürfeln, dem Babyspinat, dem Knödelbrot und einem Esslöffel Knoblauchöl sowie Salz und Pfeffer vermengen. Mit den Händen zu einer Masse verkneten. Reichlich Knoblauchöl mit der Butter in einer großen Pfanne schmelzen. Mit den Händen flache Laibchen aus der Masse formen und diese von beiden Seiten auf mittlerer Hitze anbraten.

Für den Kräuter-Sauerrahm-Dip die Petersilie waschen und fein hacken. Die Zwiebel schälen und fein hacken. Den Sauerrahm mit der Petersilie, den Zwiebeln und dem Senf vermengen. Mit Salz und Pfeffer abschmecken.

Für den Knoblauch-Sauerrahm-Dip den Knoblauch schälen und sehr fein hacken. Die Bio-Zitrone heiß waschen und die Zesten abreiben. Den Sauerrahm mit dem Knoblauch und den Zitronenzesten sowie dem Knoblauchöl glatt rühren. Anschließend mit Salz und Pfeffer abschmecken.

Catrins Tipp

Essen Kinder mit, dann die Mengen an Knoblauch und Knoblauchöl halbieren.

Apfel Most Hendl

One-Pan-Huhn mit Gemüse & Cider

aromatisch

Abwasch ade heißt es mit den trendigen One-Pan-Gerichten. Alle Zutaten auf ein Blech oder in eine Backform geben und losbacken. Kinderleicht und praktisch.

4 Portionen | Zeit: 1 Stunde

Zutaten

4 Hühnerfilets
100 g Karreespeck
1 Brokkoli (mittelgroß)
1 große/2 kleine gelbe Rüben
1 großer/2 kleine Äpfel
2 Zwiebeln
2 EL Olivenöl
120 ml Most
150 ml Gemüse-/Hühnersuppe
Salz & Pfeffer
4 EL Preiselbeermarmelade (zum Servieren)

Zubereitung

Für das Apfel-Most-Hendl den Backofen auf 180 °C Heißluft vorheizen. Die Hendlfilets waschen und trocken tupfen. Den Speck in dünne Streifen schneiden. Den Brokkoli vom Stiel befreien und in Rosen zupfen. Die gelbe Rübe schälen und in Scheiben schneiden. Den Apfel vom Kerngehäuse befreien und in Spalten scheiden. Die Zwiebeln putzen, schälen und vierteln.

Zwei Esslöffel Olivenöl in eine große Backform geben. Die Hühnerfilets hineinlegen. Das Gemüse, den Speck und die Apfelspalten hinzugeben. Mit Salz und Pfeffer würzen. Mit dem Most und mit Gemüse- oder Hühnersuppe aufgießen. Im vorgeheizten Backofen bei 180 °C für 35 Minuten braten.

Mit Preiselbeermarmelade garniert servieren.

Catrin's Tipp

Wenn Kinder mitessen, statt des Apfelmosts Apfelsaft verwenden.

Steirische Pizza

Herbst-Tarte mit Kürbis-Dreierlei

1 Pizza entspricht 2 Portionen als Hauptspeise | Zeit: 45 Minuten

Zutaten

Tarte-Teig

½ Würfel Germ
130 ml lauwarme Milch (alternativ Wasser)
325 g Mehl
¼ TL Salz
40 g Butter (zimmerwarm)

Belag

50 g Sauerrahm/Crème fraîche
½ Kürbis (klein)
1 Handvoll Cherrytomaten
1 Kugel Burrata
3 EL Kürbiskerne
2 EL Kürbiskernöl
etwas Petersilie (gehackt)
einige Zweige Thymian
Basilikum (frisch)
100 g Mautner Markhof Kren würzig-scharf
50 g Kräuterpesto
Salz & Pfeffer

Zubereitung

Die Milch lauwarm erhitzen. Germ einrühren. Das Mehl mit der zimmerwarmen Butter und dem Salz in eine Schüssel geben. Die Germ-Milch-Mischung dazugeben. Alles zu einem gleichmäßigen Teig verkneten. Den Teig bei 40 °C Heißluft im Ofen zugedeckt für rund 30 Minuten gehen lassen.

Den Teig auf einer bemehlten Arbeitsfläche ausrollen. Den Sauerrahm mit der Hälfte des Kren vermischen, den Teig damit bestreichen. Mit Salz und Pfeffer würzen.

Den Kürbis schälen und in Scheiben schneiden. Die Pizza mit den Kürbisscheiben belegen. Die Petersilie und den Thymian waschen, trocken schütteln und grob hacken. Die Steirische Pizza im vorgeheizten Ofen bei 175 °C Ober- und Unterhitze für 25 Minuten auf unterer Schiene backen. Die Cherrytomaten waschen und halbieren. Die gehackten Kräuter, die Kürbiskerne, Cherrytomaten und die in Stücke gezupfte Burrata auf der frisch gebackenen Tarte verteilen. Mit einigen Blättern frischem Basilikum und mit Kürbiskernöl garnieren.

Catrin's Tipp

Die Tarte je nach Jahreszeit mit saisonalem Gemüse belegen.

zart und saftig

Saftiger Rostbraten

Dry-Aged-Roastbeef mit Spätzle & Kräuter-Gremolata

4 Portionen | Zeit: 1 Stunde 15 Minuten

Zutaten

1,5 kg Dry-Aged-Roastbeef
Salz & Pfeffer
4 EL Grillgewürz
4 EL Olivenöl
3 Knoblauchzehen
40 g Butter
3 Rosmarinzweige
3 Thymianzweige

Gremolata

2 TL gehacktes Basilikum
2 TL gehackte Petersilie
1 TL Bio-Zitronenzesten
1 Knoblauchzehe
2 EL Zitronensaft
2 EL Olivenöl
Salz & Pfeffer

Spätzle

375 g Mehl
3 Eier
175 ml Milch
Salz
Butter (zum Anrösten)

Zubereitung

Den Backofen auf 180 °C Heißluft vorheizen. Das Fleisch mit dem Grillgewürz sowie Salz und Pfeffer würzen. Öl in einer Pfanne erhitzen und das Fleisch darin von allen Seiten scharf anbraten. Aus der Pfanne nehmen und in eine ofenfeste Auflaufform geben. Das Fleisch im vorgeheizten Backofen bei 180 °C Heißluft circa 50 Minuten garen.

Für die Gremolata die Kräuter waschen, putzen und sehr fein hacken. Die Bio-Zitrone heiß waschen, die Schale abreiben und den Saft auspressen. Die Knoblauchzehen schälen und sehr fein hacken. Die Kräuter mit einem Teelöffel Zitronenzesten und zwei Teelöffeln Zitronensaft vermischen. Die gehackten Knoblauchzehen und das Olivenöl untermischen, mit Salz und Pfeffer abschmecken. Im Kühlschrank kaltstellen.

Für die Spätzle das Mehl mit den Eiern, der Milch und dem Salz zu einem Spätzleteig verkneten. Einen großen Topf mit Salzwasser aufkochen und sieden lassen. Den Spätzleteig portionsweise ins Spätzlesieb geben und in das Salzwasser reiben. Die Spätzle drei bis vier Minuten im siedenden Wasser ziehen lassen, bis diese an der Oberfläche schwimmen. Dann die Spätzle mit einer Schaumkelle abschöpfen und zur Seite stellen.

Das Fleisch mit den Spätzle auf Tellern anrichten und mit Gremolata servieren.

Tipp

… vom KARNERTA Fleischermeister: Dry Aged Beef reift garantiert und optimal 28 Tage am Knochen. Bei dieser Art der Reifung wird das Fleisch besonders kräftig und aromatisch im Geschmack.

Erdäpfel Pfannenkuchen

Erdäpfel-Bergkäse-Gratin

1 Pfanne entspricht 4 Portionen als Hauptspeise | Zeit: 1 Stunde 30 Minuten

Zutaten

2 Zwiebeln
750 g Erdäpfel
3 EL Butter
130 g Bergkäse
1 Zweig Rosmarin
1 Bund Petersilie
75 ml Schlagobers
Salz & Pfeffer

Salat

100 g Vogerlsalat
150 ml Olivenöl
150 ml Balsamico-Essig
2 EL Senf
1 EL Honig
4 EL Schlagobers
Salz & Pfeffer

Zubereitung

Den Backofen auf 180 °C Umluft vorheizen. Die Zwiebeln schälen und in feine Streifen schneiden. Den Rosmarin und die Petersilie waschen, trocken schütteln und fein hacken. Die Erdäpfel schälen, waschen und in sehr dünne Scheiben hobeln. Eine Pfanne dick mit Butter einfetten.

Den Käse reiben. Die Erdäpfel in der Pfanne schichten. Dabei nach jeder Schicht mit Käse und Petersilie bestreuen, mit Salz und Pfeffer würzen und nach jeder Schicht leicht andrücken. Zum Schluss den Schlagobers darüber geben.

Im vorgeheizten Ofen bei 180 °C Umluft auf mittlerer Schiene 45-50 Minuten backen. Aus dem Ofen nehmen. Den Erdäpfel-Pfannenkuchen auf einen großen Teller oder ein Brett stürzen und in Stücke schneiden.

Für den Salat alle Zutaten für das Dressing in ein verschließbares Glas geben und gut durchschütteln. Den Vogerlsalat auf Tellern anrichten, mit dem Dressing marinieren und mit dem Erdäpfel-Pfannenkuchen servieren.

Catrin's Tipp

Das Gericht wird besonders schmackhaft mit einem würzigen Käse wie dem SalzburgMilch Premium Original Bergkäse.

Stille Genießer …

Kräuter Frigga

mit Polenta, Bergkäse & Bauchspeck

„Frigga" ist ein altes Kärntner Pfannengericht, das vor allem im Gailtal den Status einer Nationalspeise genießt. Diese traditionelle Holzhackerspeise ist schnell gemacht und sehr reichhaltig.

4 Portionen | Zeit: 25 Minuten

Zutaten

Polenta

750 ml Wasser
1 TL Salz
250 g Maisgrieß
1 Schuss Schlagobers

Frigga

100 g Bergkäse (würzig)
4 Eier
etwas Butter
Salz & Pfeffer
150 g Bauchspeck luftgetrocknet
reichlich Petersilie (zum Verfeinern)

Zubereitung

Für die Polenta das Wasser mit dem Schlagobers und einem Teelöffel Salz in einem großen Topf zum Kochen bringen. Den Maisgrieß einrühren, dabei ständig rühren. Die Hitze reduzieren und für einige Minuten köcheln lassen, bis sich die Polenta vom Topfrand löst. Die Polenta in eine große Backform gießen und glattstreichen. Dann kühl stellen und fest werden lassen.

Für die Frigga den Käse reiben. Die Eier in eine Schüssel geben und verquirlen. Die Eimasse mit Salz und Pfeffer würzen. Die Polenta in mundgerechte Stücke schneiden. Etwas Butter in einer großen Pfanne schmelzen und die Polentawürfel darin anrösten. Den Speck sowie die Polenta in Streifen oder in Würfel schneiden und beides in einer Pfanne anbraten. Die Eimasse über die Polenta und den gebratenen Speck gießen, mit dem geriebenen Bergkäse bestreuen und auf mittlerer Hitze stocken lassen, bis der Käse schmilzt.

Mit reichlich Petersilie garniert servieren.

… besonders knusprig mit luftgetrocknetem Karnerta Bauchspeck.

Familiengericht

Knoblauchhendl
mit Karotten & Erdäpfeln

Ein unkompliziertes Ofengericht für die ganze Familie.
Schon im Märchen war das Hendl begehrte Beute – noch heute freuen sich Kinder und Erwachsene gleichermaßen über ein frisches Brathendl, das vor allem sonntags gerne auf den Familientisch kommen darf.

4 Portionen | Zeit: 1 Stunde 30 Minuten

Zutaten

1 Poularde (rund 2 kg)
5 EL BONA
Geschmacksöl Knoblauch
½ TL Paprikapulver
Salz & Pfeffer
5-6 Knoblauchzehen
1 Bio-Zitrone (groß)
eine Schnitte Butter
einige Rosmarinzweige
einige Thymianzweige
350 ml Gemüsesuppe/
Hühnersuppe

Gemüse

500 g Erdäpfel
300 g Karotten
3-4 EL BONA
Geschmacksöl Knoblauch
1 TL Gemüsegewürz
Kräutersalz & Pfeffer

Zubereitung

Den Backofen auf 175 °C Heißluft vorheizen.

Das Hendl mit dem Knoblauchöl und dem Paprikapulver einstreichen. Mit Salz und Pfeffer würzen. Die Knoblauchzehen schälen. Die Bio-Zitrone heiß waschen und in Scheiben schneiden. Das Hendl mit den Knoblauchzehen und den Zitronenscheiben sowie einer Schnitte Butter und den Rosmarinzweigen in eine Backform geben und mit der Gemüse- oder Hühnersuppe aufgießen. Das Hendl je nach Größe für eineinhalb bis eindreiviertel Stunden bei 175 °C Heißluft knusprig braten. Halbstündlich mit etwas Gemüsesuppe aufgießen.

Die Karotten waschen, putzen und in mundgerechte Stücke schneiden. Die Erdäpfel putzen und je nach Größe halbieren oder vierteln. Das Gemüse in eine große Schüssel geben und mit dem Knoblauchöl und den Gewürzen marinieren. Das Gemüse nach rund 45 Minuten zum Hendl geben und mitbacken. Alternativ in eine eigene Backform geben und im Ofen mitbacken.

Handschnitzerl mit Erdäpfelsalat

Wiener Schnitzel mit Wiener Erdäpfelsalat & Dips

Wenn ein Gericht für österreichische Küche steht, dann ist es das Wiener Schnitzel. Unsere lässige Variante für Hendl-Handschnitzerl schmeckt mit Erdäpfelsalat genauso gut wie mit knusprigen Ofenerdäpfeln. Die Handschnitzerl eignen sich auch zum Mitnehmen und Dippen.

4 Portionen | Zeit: 45 Minuten

Zutaten

Erdäpfelsalat

1 kg speckige Erdäpfel (am besten Kipfler)
500 ml Gemüsesuppe
1 rote Zwiebel
¼ Bund Petersilie
50 ml Hesperidenessig
80 ml BONA Öl
1 TL Estragon Senf
1 TL Zucker
Kräutersalz & Pfeffer

Schnitzel

500 g Schweine-/Hühnerfilets
150 g Mehl
200 g Semmelbrösel
4 Eier
1 Schuss Schlagobers
Salz & Pfeffer
400 ml BONA Öl (zum Ausbacken)

Zubereitung

Für den Erdäpfelsalat nach Wiener Art die Erdäpfel schälen und in gesalzenem Wasser kochen. Noch warm in dünne Blätter schneiden. Diese in eine Schüssel geben.
Die Suppe aufkochen und über die Erdäpfelscheiben gießen. Eine Zwiebel putzen, schälen und fein würfeln. Die Petersilie waschen und fein hacken. Die Zwiebelwürfel mit Essig und Öl, Senf, Zucker sowie Kräutersalz und Pfeffer vermischen. Unter die Erdäpfel heben und gut durchrühren. So lange stehen lassen, bis der Salat eine sämige Konsistenz hat.

Für die Schnitzel das Mehl und die Semmelbrösel in kleine Schüsseln geben. Die Eier in einer Schüssel aufschlagen. Die Eier mit Salz und Pfeffer würzen, einen Schuss Schlagobers unterrühren und mit einer Gabel verquirlen. Die Schweine- oder Hühnerfilets etwas ausklopfen (nicht zu dünn). In Mehl wenden, anschließend durch die Eimasse ziehen und in den Bröseln wenden. Das Öl in einem Topf erhitzen. Die Schnitzel darin nach und nach ausbacken.

Die Schnitzel mit Wiener Erdäpfelsalat und Preiselbeermarmelade sofort servieren.

Rezepte für Gurken-Sauerrahm-Dip und Rote-Rüben-Pesto sowie Foto Erdäpfelsalat auf der folgenden Seite.

Gurken Dip & Rübenpesto

Beilagen

jeweils 4 Portionen

Zutaten

Gurken-Sauerrahm-Dip

1 Gartengurke (klein)
1-2 Zehen Knoblauch
(je nach Geschmack)
100 g cremiger Frischkäse
(natur)
125 g Sauerrahm
2 EL Olivenöl
1 Prise Paprikapulver
Kräutersalz & Pfeffer
optional: Chilipulver

Rote-Rüben-Pesto

1 rote Rübe (klein)
2 Knoblauchzehen
4 EL Haselnüsse (gerieben &
geröstet)
50 g Parmesan
50 ml Olivenöl
Saft ½ Zitrone
Salz & Pfeffer
optional: etwas Chilipulver

Zubereitung

Für den Gurken-Sauerrahm-Dip die Gurke waschen und reiben. Den Knoblauch schälen und fein hacken. Den Frischkäse mit dem Sauerrahm glattrühren. Die Gurkenraspel über einem Sieb auspressen. Die Gurkenraspel und das Olivenöl unter den Dip heben. Mit etwas scharfem Paprikapulver, Kräutersalz und Pfeffer abschmecken. Im Kühlschrank für eine halbe bis eine Stunde ziehen lassen.

Für das Rote-Rüben-Pesto den Ofen auf 175 °C Heißluft vorheizen. Die rote Rübe waschen und mit Schale für rund 40 Minuten im Ofen garen. Anschließend aus dem Ofen nehmen, etwas auskühlen lassen und schälen. In Stücke schneiden und in eine Schüssel geben. Den Knoblauch schälen und hinzufügen. Die restlichen Zutaten hinzufügen und mit einem Pürierstab pürieren. Mit Salz und Pfeffer und nach Wunsch mit etwas Chilipulver verfeinern.

Wildmedaillons

mit Speck & Herbstgemüse

Der Herbst ist nicht nur für die Jäger eine Hochsaison.
Während der schönsten Wanderzeit stehen Wildgerichte ganz oben auf den heimischen Speisekarten.
Wild sollte man am besten immer beim heimischen Jäger kaufen!

2 Portionen | Zeit: 35 Minuten

Zutaten

400 g Hokkaido-Kürbis
etwas Olivenöl
250 g Kohlsprossen
75 g Cocktailtomaten
4 Reh- oder Hirschmedaillons
Salz & Pfeffer
100 g Speck (in Scheiben)
2 EL Butter (zum Braten)
einige Zweige Rosmarin
125 g Vogerlsalat
4-5 EL Preiselbeermarmelade

Dressing

5 EL Mautner Markhof
Apfelessig Barrique
5 EL Olivenöl
1 TL Mautner Markhof
Honig Senf
1 TL Honig
Salz & Pfeffer

Zubereitung

Den Kürbis waschen, halbieren und vom Fruchtfleisch befreien. Den Ofen auf 200 °C Heißluft vorheizen. Den Kürbis mit einem scharfen Messer in dünne Spalten schneiden, mit Olivenöl bepinseln und im Ofen für 16-18 Minuten backen, bis die Kürbisspalten gebräunt sind.

Die Kohlsprossen vom Strunk befreien, anschließend kreuzweise einschneiden und in gesalzenem Wasser blanchieren. Die Cocktailtomaten halbieren.

Die Reh- oder Hirschmedaillons salzen und pfeffern und mit Speck umwickeln. Butter in einer Pfanne erhitzen und die Rosmarinzweige dazugeben. Die Medaillons von jeder Seite für zwei bis zweieinhalb Minuten scharf anbraten. Anschließend im vorgeheizten Ofen für circa fünf Minuten zugedeckt rasten lassen.

Den Salat waschen und mit den Cocktailtomaten auf einem großen Teller anrichten. Die gebackenen Kürbisspalten und die Kohlsprossen dazugeben.

Für das Dressing alle Zutaten miteinander vermischen und glatt rühren. Den Salat mit dem Dressing marinieren. Die Wildmedaillons obenauf geben und den Salat mit reichlich Preiselbeermarmelade verfeinern.

In die Berg…

Milchrahmstrudel

wie bei Oma

Strudel mit Obersfüllung

8 bis 10 Portionen | Zeit: 1 Stunde

Zutaten
2 Pkg. Strudelteig

Füllung
5 Eier
90 g Staubzucker
400 ml Schlagobers
Mark einer Vanilleschote
2 Pkg. Vanillezucker
etwas Butter für die Form

Guss
800 ml Milch
1 Schuss Rum
4 EL Preiselbeermarmelade
(zum Servieren)

Vanillesauce
Mark einer Vanilleschote
500 ml Milch
2 Pkg. Vanillezucker
15 g Maisstärke
2 Eigelb

Zubereitung

Die Eier trennen. Das Eiweiß aufschlagen. Nach und nach den Staubzucker einrühren. Das Schlagobers in einer weiteren Schüssel gut aufschlagen. Die Eigelbe und das Vanillemark sowie den Vanillezucker unter das Schlagobers heben. Anschließend den Eischnee hinzufügen. Eine mittelgroße Backform ausbuttern. Die Strudelteigblätter in vier Teile teilen. Mit der Creme bestreichen und schnell einrollen. Sofort in Strängen oder eingerollt in die Backform legen.

Für den Guss die Milch mit dem Rum verrühren und die Strudelstränge damit gleichmäßig übergießen. Den Milchrahmstrudel im vorgeheizten Backofen bei 175 °C Heißluft für 45 Minuten gleichmäßig goldbraun backen. Etwas auskühlen lassen und mit einem Klecks Preiselbeermarmelade servieren. Dazu passt eine hausgemachte Vanillesauce.

Für die Vanillesauce die Vanilleschote mit dem Messer flach drücken. Die Schote halbieren und das Vanillemark auskratzen. Ein paar Schöpfer Milch abnehmen und in eine Schüssel geben. Die Eigelbe und die Maisstärke gleichmäßig einrühren. Die restliche Milch mit dem Vanillezucker und dem Vanillemark unter mäßiger Hitze aufköcheln lassen. Von der Flamme nehmen und etwas auskühlen lassen. Die Mischung zur Milch geben und nochmals auf schwacher Hitze für circa vier bis fünf Minuten unter Rühren köcheln lassen.

Catrins Tipp

Wer mag, kann den Milchrahmstrudel alternativ mit einer Mischung aus 400 g Topfen und Sauerrahm füllen.

Äpfel Nuss Tarte

mit Salzkaramell-Eis

1 Tarte, 8 Stück | Zeit: 1 Stunde (ohne Ruhezeit)

Zutaten

Nuss-Mürbteig

100 g Mehl
1 Ei
125 g Butter (kalt)
5 EL Nüsse (gerieben)
1 Prise Salz

Füllung

6 Äpfel (mittelgroß)
30 g Butter
4 gehäufte EL Zucker
1 TL Zimt
Mark einer Vanilleschote

Salzkaramell-Eis

200 g Zucker
5 Eigelb (Größe L)
225 ml Vollmilch
375 ml Schlagobers
3 EL Sojasauce

Zubereitung

Für den Mürbteig die kalte Butter in Stücke schneiden. Mit dem Mehl, den Nüssen, dem Ei und dem Salz zu einem Mürbteig verkneten. In Klarsichtfolie geben und für mindestens eine Stunde im Kühlschrank kalt stellen.

Anschließend auf einer bemehlten Arbeitsfläche ausrollen. Eine eckige Tarteform damit auskleiden und nochmals kalt stellen. Die Äpfel schälen und vom Kerngehäuse befreien. In dünne Scheiben schneiden. Die Butter schmelzen. Die Apfelscheiben mit Butter, Zucker, Zimt und Vanillemark vermischen. Die Apfelscheiben gleichmäßig auf der Tarte verteilen. Die Tarte im vorgeheizten Ofen bei 175 °C Heißluft für 35 Minuten backen.

Für das Salzkaramell-Eis drei Esslöffel Zucker in die Eigelbe einrühren. Den restlichen Zucker in einem Topf karamellisieren. Wenn der Zucker geschmolzen und braun ist, mit der Milch und dem Schlagobers ablöschen. Die Sojasauce hinzufügen. Anschließend circa 20 bis 30 Minuten auf geringer Stufe einkochen lassen. Die Milchmischung unter Rühren zu den Eigelben geben. Wieder in den Topf geben und nochmals unter Rühren auf geringer Stufe einkochen lassen. Dann einige Stunden kalt stellen und anschließend in die Eismaschine geben. Die fertige Eismasse in einen Topf füllen und für mindestens vier Stunden (am besten über Nacht) nochmals frieren.

Den Kuchen etwas auskühlen lassen und aus der Form nehmen. Im lauwarmen Zustand mit je einer Kugel Salzkaramell-Eis garniert servieren.

Variante Galette Das Rezept kann auch als Nuss-Galette mit Apfelfüllung zubereitet werden. Dafür den Teig rund einen halben Zentimeter dick ausrollen. Mit den Apfelscheiben belegen, zwei Zentimeter am Rand freilassen und einschlagen.

Catrin's Tipp

Die Nüsse vor der Verwendung kurz in einer beschichteten Pfanne anrösten.

Resteverwertung

Siaßer Plutzer Brot Kuchen

Kürbis-Schwarzbrot-Pudding

8 Portionen | Zeit: 1 Stunde

Zutaten

Brotpudding

4 Scheiben Schwarzbrot
⅓ Kürbis (mittelgroß)
3 Eier (Größe L)
60 g Staubzucker
125 ml Schlagobers
1 gehäufter TL Zimt
3 EL Walnüsse (ganz)
etwas Butter für die Backform

Zubereitung

Den Backofen auf 175 °C Heißluft vorheizen. Die Brotscheiben in grobe Stücke zupfen oder schneiden. Den Kürbis waschen und putzen und vom Kerngehäuse befreien, in Stücke schneiden und diese dann in Wasser blanchieren. Anschließend fein pürieren.

Die Eier mit dem Zucker schaumig aufschlagen. Das flüssige Schlagobers einrühren. Den geriebenen Zimt und das Kürbispüree unterrühren. Das Brot in die Flüssigkeit legen und kurz darin ziehen lassen. In eine gebutterte Backform (20 x 11 cm) geben. Mit den Walnüssen belegen.

Im vorgeheizten Backofen bei 175 °C Heißluft für 40 Minuten backen. Anschließend etwas auskühlen lassen und noch warm mit salzigem Karamell-Eis oder Spekulatius-Eis servieren.

Rezept Salzkaramell-Eis siehe Seite 192

Catrin's Tipp

Brotpudding ist ideal, um altbackenes Brot zu verwerten.
Er kann mit allen körnerfreien Brot-, Brioche- oder Gebäcksorten zubereitet werden.

Saftiger Nuss Kastenkuchen

mit Honig-Guss

Rührkuchen

Rührkuchen werden besonders fein, wenn man die Eier mit dem Zucker in einer starken Küchenmaschine wie der Kenwood Chef Titanium dicklich aufschlägt und die Zutaten nach und nach unter Rühren unter die Masse hebt.

1 Kuchen, 12 Stück | Zeit: 1 Stunde

Zutaten

Kuchen
5 Eier (Größe L)
175 g Zucker
250 g Butter
275 g Nüsse (gemischt)
300 g Mehl
1 Pkg. Backpulver
etwas Butter (für die Form)

Honig-Guss
150 ml Milch
3 EL Honig
40 g Butter (geschmolzen)

Hasel- oder Walnuss-Eis
100 g Hasel- oder Walnüsse
2 Eigelb
1 Ei
4 EL Zucker (alternativ Honig)
75 ml Schlagobers
40 ml Rum

Zubereitung

Für das Nuss-Eis das Schlagobers in der Küchenmaschine aufschlagen. Die Eier mit dem Zucker mehrere Minuten in der Küchenmaschine aufschlagen, bis eine dickliche weiße Creme entsteht. Die Nüsse hacken und unter die Masse heben. Zum Schluss den Rum und den Schlagobers unterheben. Die Masse in die Eismaschine geben, bis eine cremige Nusseismasse entsteht. In ein verschließbares Gefäß geben und bis zur Verwendung einfrieren.

Für den Kuchen den Backofen auf 175 °C Umluft vorheizen. Die Nüsse frisch reiben und anschließend kurz in der Pfanne anrösten. Die Eier und den Zucker mit der Küchenmaschine mehrere Minuten schaumig rühren, bis eine dickliche Masse entsteht. Die Butter schmelzen und einrühren. Die Nüsse mit dem Mehl und dem Backpulver mischen und unter Rühren nach und nach zum Teig geben. Den Teig in eine gefettete Kastenform geben und im vorgeheizten Backofen bei 175 °C Umluft für 60 Minuten backen (Nadelprobe machen). Den Kuchen aus dem Ofen nehmen und auskühlen lassen.

Für den Honig-Guss die Milch mit Honig und der Butter aufkochen. Auf dem Kuchen verteilen. Die karamellisierten Nüsse auf dem Kuchen verteilen, mit dem (noch warmen) Guss übergießen und mit einer Kugel Nuss-Eis servieren.

Rezept karamellisierte Nüsse siehe Seite 250

Catrin's Tipp

Eismaschinen sind ideal als Zubehör für die Küchenmaschine.
Eine starke Küchenmaschine ersetzt damit eine eigene Eismaschine, spart Platz und Geld.

Apfel Mohn Strudl

Mohnstrudel mit Apfelstücken

1 Strudel, 10 Stück | Zeit: 1 Stunde

Zutaten

1 Pkg. Strudelteig
(alternativ Blätterteig)

Füllung
200 ml Milch
200 g Mohn (gemahlen)
80 g Butter
40 g Zucker
50 g LAND-LEBEN
Vollkornbrösel
Zesten ½ Bio-Zitrone
3 EL Rum
2 Äpfel (klein)
Mark einer Vanilleschote
1 Eigelb zum Bestreichen

Zubereitung

Den Backofen auf 175 °C Heißluft vorheizen.

Für die Füllung die Bio-Zitrone heiß waschen und die Zesten abreiben. Die Butter schmelzen, mit der Milch, dem Mohn, Zucker, Rum und den Zesten einer halben Zitrone kurz aufkochen.

Die Äpfel schälen und grob reiben. Die Semmelbrösel und die geriebenen Äpfel sowie das Mark einer Vanilleschote hinzugeben.

Den Teig ausrollen. Die Mohnmasse im unteren Drittel verteilen, dabei circa zwei Zentimeter zum Rand freilassen. Den Teig seitlich einschlagen und zu einem Strudel einrollen.

Den Apfel-Mohn-Strudel im vorgeheizten Backofen bei 175 °C Heißluft für 40-45 Minuten backen.

Rezept Vanillesauce siehe Seite 190

Catrin's Tipp

Der Strudel schmeckt warm serviert mit frischer Vanillesauce besonders gut!
Wer mag, kann Rumrosinen in die Füllung mischen.

Handkuchen mit Grant'n

Klein, aber oho

Hand Pies mit Preiselbeermarmelade

Für die Gelierprobe mit einem Teelöffel einen Tropfen der heißen Marmelade auf den kalten Teller geben und auskühlen lassen. Den Teller kippen um zu sehen, ob die Marmelade bereits geliert. Wird sie fest, kann die Marmelade sofort in saubere Gläser abgefüllt werden.

ca. 20 Stück | Zeit: 1 Stunde 30 Minuten

Zutaten

Teig

200 g Butter (kalt)
3 EL Wiener Backzucker
300 g Mehl
1 Prise Salz
3 Eigelb
3 EL Wasser (eiskalt)

Grant'n (Preiselbeermarmelade)

1000 g Grant'n (Preiselbeeren)
500 g Wiener Gelierzucker 2:1
75 ml Wasser
1-2 Nelken (alternativ als Pulver)
1 Zimtstange
Staubzucker zum Bestreuen

Zubereitung

Für die Füllung die Grant'n waschen, abtropfen lassen und die Stiele abzupfen. Mit Wiener Gelierzucker verrühren und, wenn gewünscht, pürieren. Die Zimtstange und die Nelken hinzufügen. Die Fruchtmasse aufkochen und für vier Minuten sprudelnd kochen lassen. Dabei immer wieder umrühren, damit die Marmelade nicht am Topfboden kleben bleibt. Anschließend eine Gelierprobe machen. Die Zimtstange entfernen. Fünf Einmachgläser mit heißem Wasser ausspülen und trocknen lassen. Die fertige, noch heiße Marmelade sofort in die Gläser füllen, verschließen und die Gläser auf den Kopf stellen. Abkühlen lassen.

Die kalte Butter in kleine Würfel schneiden. Mit Zucker, Mehl, einer Prise Salz, zwei Eigelb und drei Esslöffeln eiskaltem Wasser zügig zu einem glatten Mürbteig verkneten. In Folie gewickelt mindestens eine Stunde kalt stellen.

Den Backofen auf 180 °C Umluft vorheizen. Den Teig portionsweise auf einer leicht bemehlten Arbeitsfläche circa vier Millimeter dick ausrollen. Gleich viele Kreise mit sechs Zentimeter und sechseinhalb Zentimeter ausstechen. Die kleineren Kreise auf zwei mit Backpapier belegte Backbleche setzen. Die Grant'n-Marmelade mit einem Teelöffel mittig auf den Kreisen verteilen. Dabei circa einen Zentimeter Rand freilassen. In die größeren Kreise mit einem Messer je ein Kreuz ritzen, die Kreise auf die kleineren Teiglinge setzen. Den Rand mit den Zinken einer Gabel fest zusammendrücken.

Ein Eigelb mit einem Esslöffel kaltem Wasser verquirlen und die Hand-Pies damit bepinseln. Anstatt des Eigelbs kann man auch nur Wasser zum Bestreichen verwenden. Die Hand Pies im vorgeheizten Backofen bei 180 °C Umluft auf der zweiten Schiene von unten nacheinander für 15-20 Minuten goldbraun backen.

Catrin's Tipp

Die Grant'n-Hand-Pies lauwarm direkt auf die Hand servieren. Für die Füllung kann Marmelade nach Wahl verwendet werden. Die frischen Hand Pies mit Wiener Staubzucker bestreut servieren.

Winter

Liptauer

Blitzrezept

Cremiger Paprika-Topfen-Aufstrich

1 mittelgroße Schüssel | Zeit: 10 Minuten

Zutaten

500 g Magertopfen/
Bröseltopfen
150 g Sauerrahm
250 g Frischkäse (natur)
2 Knoblauchzehen
3 EL Petersilie/Schnittlauch
1 EL Paprikapulver (scharf)
1 EL Paprikapulver (süß)
Salz & Pfeffer

Zubereitung

Den Topfen in eine große Schüssel geben und mit Sauerrahm und Frischkäse glattrühren.

Die Knoblauchzehen schälen und pressen. Die Kräuter waschen und fein hacken.

Kräuter, Knoblauch und Paprikapulver unter die Masse heben. Mit Salz und Pfeffer abschmecken.

Der Liptauer schmeckt am besten auf Bauernbrot.

Catrin's Tipp

Statt Frischkäse kann auch Mascarpone oder Ricotta verwendet werden.

Heringssalat

Kärntner Art

Fastenspeise

Der Klassiker in der Faschingszeit und traditionell zum „Heringsschmaus" am Aschermittwoch: ein würziger Heringssalat mit Äpfeln. Dieser kann noch mit gekochten Erdäpfeln verfeinert werden.

4 Portionen | Zeit: 45 Minuten

Zutaten

2 Äpfel (säuerlich)
8 Heringsfilets
(eingelegt aus dem Glas)
1 Zwiebel (klein)
4-5 Gewürzgurken
¼ Bund Petersilie (gehackt)

Dressing

6 EL Mayonnaise
100 g Sauerrahm
Saft ½ Zitrone
3 EL Weißweinessig
2 TL Kren (gerieben)
Salz & Pfeffer

Zubereitung

Die Äpfel schälen und in kleine Stücke schneiden. Die Heringsfilets aus dem Glas nehmen und kurz abtropfen lassen. Anschließend in mundgerechte Stücke schneiden. Zusammen mit den Äpfeln in eine Schüssel geben. Die Zwiebel schälen, fein hacken und in die Schüssel geben. Die Gurken fein hacken und dazugeben.
Die Petersilie waschen, trocken tupfen und fein hacken. Zum Fisch dazugeben.

Für das Dressing die Mayonnaise mit dem Sauerrahm, dem Zitronensaft, Weißweinessig und Kren glattrühren. Den Salat mit Salz und Pfeffer würzen, mit dem Dressing vermischen und für mindestens vier bis sechs Stunden im Kühlschrank durchziehen lassen.

Winter Karottensuppe

mit Karottenchips

vitaminreich

4 Portionen | Zeit: 1 Stunde 10 Minuten

Zutaten

1 Zwiebel (groß)
500 g Karotten
2 EL Olivenöl
850 ml Gemüsesuppe
125 ml Schlagobers (fettreduziert, alternativ: Sauerrahm)
Salz & Pfeffer
1 TL Ingwer (frisch gerieben)

optional: 1 Schuss Orangensaft

Karottenchips
2 Karotten (mittelgroß)
1 Schuss Olivenöl
etwas Salz
etwas Paprikapulver
etwas gerösteter Sesam (zum Garnieren)

Zubereitung

Für die Karottenchips den Ofen auf circa 160 °C Umluft vorheizen. Die Karotten putzen und mit dem Sparschäler Streifen abziehen. Die Karottenstreifen in eine große Schüssel geben, mit Olivenöl, Salz und etwas Paprikapulver würzen und gut vermischen. Ein Backblech mit Backpapier belegen, die Karottenstreifen darauf verteilen und im Ofen für eine dreiviertel Stunde bis eine Stunde bei 160 °C Umluft knusprig backen.

Für die Suppe die Zwiebel schälen und fein würfeln. Die Karotten schälen und in Scheiben schneiden. Etwas Olivenöl in einem Topf erhitzen, die Zwiebelwürfel darin glasig dünsten, anschließend die Karottenscheiben dazugeben und einige Minuten unter Rühren goldbraun anrösten. Mit der Gemüsesuppe ablöschen und für circa 15 Minuten auf mittlerer Stufe köcheln lassen.

Die Suppe fein pürieren, den frisch geriebenen Ingwer einrühren, Schlagobers hinzufügen und nochmals fein mixen. Mit Salz und Pfeffer abschmecken.

Die Suppe in Schüsseln füllen, mit den Karottenchips und etwas frisch geröstetem Sesam garnieren. Wer mag, kann noch etwas frisch gepressten Orangensaft mitköcheln lassen.

Catrin's Tipp

Wer mag, kann die Karottenchips auch ausbacken. Die Karottensuppe kann optional mit Tee verfeinert werden und wird so noch geschmacksintensiver. Dafür kurz Kräutertee mitkochen.

Die
Welt gehört dem,
der sie genießt!

Zwiebelsuppn mit Schuss

preiswert

Zwiebelsuppe mit Prosecco & Käsecrostini

Früher eigentlich als „Arme-Leute-Essen" bekannt, heute wieder gerne am Tisch: Zwiebelsuppe. Die Suppe ist eine schmackhafte Resteverwertung für altbackenes (Weiß-)Brot und ein echtes Blitzrezept.

4 Portionen | Zeit: 30 Minuten

Zutaten

4 Zwiebeln (klein)
2 Knoblauchzehen
2 Frühlingszwiebeln
2 EL Olivenöl
300 ml Prosecco
1 l Gemüsesuppe
Kräutersalz & Pfeffer

Einlage

4 Scheiben Weißbrot
100 g Bergkäse (würzig)

Zubereitung

Die Zwiebeln putzen, halbieren und in feine Ringe schneiden. Die Frühlingszwiebeln waschen, putzen und in feine Scheiben schneiden. Den Knoblauch schälen und sehr fein hacken. Etwas Olivenöl in einem Topf erhitzen. Die Zwiebeln, die Frühlingszwiebeln und den Knoblauch darin glasig dünsten. Alles unter Rühren drei bis vier Minuten rösten. Anschließend mit dem Prosecco ablöschen und diesen kurz einköcheln lassen. Mit der Gemüsesuppe aufgießen und mit Salz und Pfeffer abschmecken. Die Suppe rund 20 Minuten bei mittlerer Hitze köcheln lassen.

Den Backofen auf 180 °C Heißluft vorheizen. Die Brotscheiben auf ein mit Backpapier belegtes Backblech legen. Den Käse grob reiben und auf den Brotscheiben verteilen. Die Brotscheiben zehn bis zwölf Minuten im Ofen knusprig backen. Die Suppe in tiefe Teller geben und mit jeweils zwei Käsecrostini servieren.

Ronasuppe

mit Dinkel-Knusperstangerl

bekömmlich

Suppen lassen sich unkompliziert und schnell im Miele Dampfgarer zubereiten. Alle Zutaten in eine ungelochte Garschale geben und dämpfen. Im Anschluss abschmecken, verfeinern und pürieren. Die würzigen Knusperstangerl schmecken auch als Alternative zu Grissini zu einem Glas Wein.

rund 10 Stangerl | Zeit: 1 Stunde

Zutaten

für rund 10 Dinkel-Knusperstangerl

5 EL Milch
175 ml Wasser (lauwarm)
½ Würfel frischer Germ (entspricht 20 g)
350 g Dinkelmehl
¼ TL Salz
Sesam & Leinsamen (zum Bestreuen)

Rote-Rüben-Schaumsuppe

2 rote Zwiebeln
500 g Rote Rübe (vorgekocht und geschält)
2 EL Olivenöl
⅛ l Rotwein
1200 ml Gemüsesuppe
200 g Crème fraîche
1 Prise Muskatnuss (frisch gerieben)
Salz & Pfeffer

zum Garnieren

einige Blätter Rucola (alternativ Mini-Mangold)
3-4 EL Walnüsse (geröstet)

Zubereitung

Die Milch mit lauwarmem Wasser verrühren. Den Germ darin auflösen. Das Mehl mit dem Germ und dem Salz zu einem glatten Teig verrühren. Diesen im Backofen (alternativ im Dampfgarer) bei 30 °C aufgehen lassen. Die Masse in zehn gleichmäßige Stücke schneiden. Dünne Stränge daraus formen und diese auf ein mit Backpapier belegtes Backblech geben. Die Rollen mit Wasser einstreichen, mit reichlich Sesam und Leinsamen bestreuen und im vorgeheizten Backofen bei 175 °C Heißluft für 15 bis 18 Minuten knusprig backen.

Für die Rote-Rüben-Schaumsuppe die Zwiebeln schälen und fein würfeln. Die roten Rüben grob würfeln. Olivenöl in einem Topf erhitzen, die Zwiebelwürfel darin glasig dünsten. Die roten Rüben in den Topf geben und dünsten. Mit Rotwein ablöschen und mit Gemüsesuppe aufgießen. Die Suppe für rund 15 Minuten köcheln lassen. Die Crème fraîche hinzufügen und die Suppe mit dem Mixer gut pürieren. Nochmals ordentlich aufschäumen und mit einer Prise Muskatnuss sowie mit Salz und Pfeffer abschmecken.
Zubereitung im Dampfgarer: alle Zutaten (bis auf die Crème fraîche) in eine ungelochte Garschale geben und rund 18 Minuten dämpfen. Crème fraîche hinzufügen, abschmecken und pürieren.

Die heiße Rote-Rüben-Suppe in Schüsseln anrichten und mit gerösteten Walnüssen und einigen Blättern Rucola oder Mini-Mangold garnieren. Die Suppe mit den frisch gebackenen (am besten noch warmen) Knusperstangerln servieren.

Erdäpfelsuppn

mit Räucherforelle & Rote-Rüben-Tatar

4 Portionen | Zeit: 40 Minuten

Zutaten

Erdäpfelsuppe

1 Zwiebel (groß)
600 g Erdäpfel
200 g Pastinaken
20 g Butter
1 l Gemüsesuppe
2 Thymianzweige
150 ml Schlagobers
2 EL Sauerrahm
Salz & Pfeffer
125 ml Milch
(für den Milchschaum)

Rote-Rüben-Tatar

120 g rote Rüben
75 ml Schlagobers
1 gehäufter EL geriebener Kren
(Meerrettich)
1 Räucherforellen-Filet

Zubereitung

Für die Erdäpfelsuppe die Zwiebel schälen, putzen und fein würfeln. Die Erdäpfel und die Pastinaken würfeln. Die Butter in einem Topf schmelzen. Die Zwiebelwürfel darin glasig dünsten. Die Erdäpfel hinzufügen und unter Rühren anrösten. Mit Gemüsesuppe aufgießen sowie zwei Thymianzweige hinzufügen und für 20 bis 25 Minuten auf mittlerer Hitze köcheln lassen.

Die Thymianzweige entfernen und die Suppe fein pürieren. Schlagobers und Sauerrahm hinzufügen, die Suppe mit Salz und Pfeffer abschmecken und nochmals fein aufschäumen.

Für das Rote-Rüben-Räucherforellen-Tatar die roten Rüben garen (ideal im Dampfgarer) und anschließend schälen. In sehr feine Stücke hacken. Die Räucherforelle fein hacken. Das Schlagobers aufschlagen, mit dem geriebenen Kren und der Räucherforelle vermischen und unter die roten Rüben heben.

Die Suppe mit dem Rote-Rüben-Tatar in Tassen oder Schalen füllen. Mit etwas Milchschaum garniert servieren.

Catrin's Tipp

Für Vegetarier den Räucherfisch im Tatar weglassen.
Das Tatar kann auch als Vorspeise mit Gebäck und Butter serviert werden.

festlich

Steaks mit Erdäpfel Kas Talern

& Rahmsoß'

Ein gelungenes Sonntags- oder Feiertagsgericht. Unkompliziert gemacht, trotzdem ein Highlight am Teller für die Winterzeit. Statt Steaks können auch heimische, gebratene Fischfilets serviert werden.

4 Portionen | Zeit: 30 Minuten

Zutaten

4 Filetsteaks
(alternativ Beiried à 200 g)
2 EL Olivenöl
etwas Salz

Sauce

100 ml Rinder-/Gemüsefond
20 ml Weinbrand
150 ml Schlagobers
Salz & Pfeffer

Erdäpfel-Käse-Taler

3 große/4 mittlere Erdäpfel
70 g Bergkäse
2-3 Zweige Thymian
¼ Bund Petersilie
5 EL (Vollkorn-)Semmelbrösel
Salz & Pfeffer
2 EL Butter

Zubereitung

Die Erdäpfel schälen und gar kochen. Etwas auskühlen lassen und anschließend durch die Erdäpfelpresse drücken.

Den Käse reiben. Die Petersilie waschen, die Blätter von den Stielen zupfen und sehr fein hacken. Die Erdäpfelmasse mit den Semmelbröseln, dem Käse und den Kräutern vermischen. Mit Salz und Pfeffer abschmecken. Butter in einer Pfanne erhitzen. Die Erdäpfel-Käse-Taler darin von beiden Seiten drei bis vier Minuten goldbraun anbraten.

Etwas Öl in einer Pfanne erhitzen. Die Filetsteaks darin je nach gewünschter Garstufe (für Medium* je nach Dicke rund zwei Minuten pro Seite) scharf anbraten. Anschließend von der Hitze nehmen und zudecken. Mit Salz und Pfeffer würzen. Die Filetsteaks für fünf bis acht Minuten bei 70 °C Heißluft in den Ofen geben und ziehen lassen.

Für die Rahmsauce den Bratenrückstand mit dem Weinbrand ablöschen, anschließend mit Schlagobers aufkochen. Mit Salz und Pfeffer abschmecken und die Sauce cremig einköcheln lassen.

* Mit einem Innentemperatur-Messgerät mit einer feinen, dünnen Nadel, die keinen Einstichpunkt hinterlässt, kann die für Medium gültige Gradzahl von 58 bis 60 °C geprüft werden.

Catrin's Tipp

Die Erdäpfel-Käse-Taler sind auch mit einem grünen Salat eine feine, vegetarische Hauptspeise.

Kaskrapfen

mit Prosecco-Rahm-Sauerkraut

raffiniert

Deftige Kaskrapfen brauchen eine würzige Füllung: Berg- oder Graukäse passt wunderbar zum rassigen Roggenvollkornmehl im Teig. Für einen leichten, modernen Touch sorgt die Kombination aus Prosecco und Obers im Kraut. Diese Sauerkraut-Variante passt auch gut zu gebratenem Fleisch.

18 bis 20 Stück | Zeit: 1 Stunde

Zutaten

Teig

- 360 g Weizenmehl
- 220 g Roggen(vollkorn)mehl
- ½ TL Salz
- 2 Eigelb
- 360 ml Wasser
- 4 EL Öl

Füllung

- 430 g Erdäpfel (mehlig)
- 1 rote Zwiebel
- ¼ Bund Petersilie
- 150 g Topfen
- 120 g Heujuwel Käse
- Salz & Pfeffer
- Öl für die Pfanne

Prosecco-Rahm-Kraut

- 500 g Sauerkraut
  Rezept siehe Seite 234
- etwas Butter (für die Pfanne)
- 200 ml Prosecco
- 50 ml Schlagobers
- 1 Prise Muskatnuss (frisch gerieben)
- Salz & Pfeffer

Zubereitung

Für den Teig das Mehl mit dem Salz vermengen. Eigelbe, Wasser und Öl mit der Mehlmischung zügig zu einem glatten Teig verkneten. Den Teig in Frischhaltefolie gewickelt für eine halbe Stunde an einem kühlen Ort rasten lassen.

Für das Prosecco-Rahm-Kraut das Sauerkraut kurz in einem Topf blanchieren. Die Butter in einem Topf schmelzen, das Kraut darin kurz anschwitzen, mit Prosecco und dem Schlagobers aufgießen und einkochen lassen. Mit Salz, Pfeffer und einer Prise frisch geriebener Muskatnuss abschmecken.

Für die Füllung die Erdäpfel in gesalzenem Wasser weich kochen, schälen und mit einer Erdäpfelpresse zerdrücken. Die Zwiebel schälen und fein hacken, die Petersilie waschen und fein hacken. Die Erdäpfel mit den Zwiebeln, der Petersilie, dem Topfen und dem Käse vermengen. Mit Salz und Pfeffer würzen.

Den Teig rund zwei Millimeter dünn ausrollen, in zwölf Zentimeter große Kreise schneiden. Auf der Hälfte der Kreise die Füllung verteilen, den Teig über der Mitte einschlagen, die Ränder zusammendrücken und mit den Zinken einer Gabel festdrücken.

Die Kaskrapfen in reichlich Öl ausbacken und auf Küchenpapier abtropfen lassen. Mit dem Prosecco-Rahm-Kraut servieren.

Catrin's Tipp

Dazu passt ein grüner Salat!

... schmeckt am besten mit einem würzigen Bergkäse oder Heujuwel von SalzburgMilch.

Spaziergang im Schnee …

beliebt

Topfenreinkalan

Topfen-Erdäpfel-Laibchen

In Kärnten werden Topfenlaibchen (gerne auch gemischt mit gekochten Erdäpfeln) als "Topfenreinkalan" bezeichnet. Sie können als Puffer oder auch als Bällchen in der Pfanne ausgebacken werden.

4 Portionen | Zeit: 45 Minuten

Zutaten

125 g Erdäpfel
500 g Bröseltopfen
5 Eier (Größe M)
125 g Mehl
Salz & Pfeffer
Olivenöl, Sonnenblumenöl oder Butter (zum Ausbacken)

Dip

3 EL Petersilie & Schnittlauch (gehackt)
175 g Sauerrahm
100 g Joghurt
Kräutersalz & Pfeffer

Zubereitung

Für den Dip die Kräuter fein hacken. Den Sauerrahm mit dem Joghurt glatt rühren. Mit Kräutersalz und Pfeffer würzen und die Kräuter unterheben.

Die Erdäpfel schälen und in gesalzenem Wasser gar kochen. Anschließend durch die Erdäpfelpresse drücken. Den Bröseltopfen mit den Erdäpfeln, den Eiern und dem Mehl zu einer Masse verrühren. Mit Salz und Pfeffer abschmecken. Etwas Öl in einer Pfanne erhitzen. Je einen gehäuften Esslöffel der Masse in die Pfanne geben. Die Topfenreinkalan von beiden Seiten goldbraun anbraten.

Die Topfenreinkalan mit grünem Salat und mit dem Sauerrahm-Dip servieren.

Rezept ohne Erdäpfel siehe Seite 88

Schweinsbauch

Omas Rezeptschatz

mit Kruspel & geschmortem Wintergemüse

Bei meiner Oma mütterlicherseits war es jahrzehntelang Sonntagstradition, „Bratl" oder Schnitzel zu servieren. Man unterschied zwischen einer Alltags- und einer Festtagsküche, was ich auch heute wieder sehr wichtig finde. Einfacheres Essen für den Alltag, dann darf an Sonn- und Festtagen richtig geschlemmt werden.

4 Portionen | Zeit: 3 Stunden

Zutaten

1 kg Schweinsbauch mit Kruspel
1 große Zwiebel
2 Knoblauchzehen
250 ml Gemüsesuppe
2 Thymianzweige
2 Rosmarinzweige
Salz & Pfeffer

geschmortes Wintergemüse

750 g Wintergemüse
(z.B. Karotten, Sellerie, Erdäpfel)
4-5 EL Olivenöl
einige Thymianzweige
Salz & Pfeffer

Zubereitung

Das Fleisch mit Salz und Pfeffer würzen. Die Knoblauchzehen schälen und durch die Knoblauchpresse drücken. Das Fleisch mit dem Knoblauch einreiben. Für einige Stunden (oder über Nacht) im Kühlschrank rasten lassen.

Die Karotten waschen, putzen und längs in Streifen schneiden. Den Sellerie waschen und in Scheiben schneiden. Anschließend würfeln. Die Erdäpfel je nach Größe vierteln oder achteln. Das Gemüse mit etwas Olivenöl marinieren, mit Salz und Pfeffer würzen und mit einigen Zweigen Thymian vermischen.

Den Backofen auf 220 °C Heißluft vorheizen. Das Fleisch mit der Schwarte nach unten mit der Gemüsesuppe in eine ofenfeste Backform geben. Im vorgeheizten Backofen bei 220 °C Heißluft kurz köcheln lassen. Das Fleisch umdrehen. Die Thymian- und Rosmarinzweige sowie Knoblauch und Zwiebel hinzufügen. Wenn sich eine Kruste gebildet hat, die Temperatur auf 120 bis 140 °C reduzieren und weiterbraten, sodass das Fleisch insgesamt für zwei bis zweieinhalb Stunden im Backofen bleibt.

Das Gemüse für die letzten 45 bis 50 Minuten dazugeben und mitschmoren.

Dabei alle 10 bis 15 Minuten mit dem Bratensaft übergießen, damit das Fleisch schön saftig bleibt. Zum Schluss die Grillfunktion aktivieren, die Schwarte mit Salzwasser einstreichen und auf der obersten Schiene grillen, bis die Kruspeln aufplatzen.

Aus dem Ofen nehmen, kurz rasten lassen und das Fleisch in Scheiben schneiden. Mit dem geschmorten Wintergemüse servieren.

Tipp

… vom KARNERTA Fleischermeister:

Mit Salzwasser bestrichen wird die Schwarte besonders knusprig.

Kas Schmarrn

pikanter Schmarren mit Käse

würzig

Schmarren - ein Klassiker der österreichischen Küche! Süß und fluffig kennt ihn jedes Kind. Dabei muss es nicht immer Kaiserschmarren, Topfenschmarren oder Schokoschmarren sein. Das Gericht schmeckt auch pikant sehr gut und wird damit zur schnellen, vegetarischen Hauptspeise.

4 Portionen | Zeit: 30 Minuten

Zutaten

½ Stange Lauch
4 Eier
125 g Bergkäse (würzig)
200 ml Milch
½ Pkg. Backpulver
160 g Mehl
Salz & Pfeffer
2 EL Butter

Zubereitung

Den Backofen auf 175 °C Heißluft vorheizen.

Den Lauch putzen, in feine Scheiben schneiden. Die Eier trennen. Das Eiweiß steif schlagen. Den Käse fein reiben. Die Eigelbe in einer separaten Schüssel mit der Milch, dem geriebenen Käse, dem Lauch, dem Backpulver und dem gesiebten Mehl verrühren. Den Eischnee unterheben. Die Käseschmarrenmasse mit Salz und Pfeffer abschmecken.

Die Butter in einer großen, ofenfesten Pfanne schmelzen. Die Schmarrenmasse eingießen und auf mittlerer Hitze anbraten, bis eine knusprige, braune Unterseite entsteht. Im vorgeheizten Backofen bei 175 °C auf mittlerer Schiene für 20 bis 25 Minuten fertig backen.

Den Käseschmarren heiß servieren.

Catrin's Tipp

Dazu passt ein grüner Salat mit Kürbiskernöl.
Wer mag, kann Speckwürfel unter die Schmarrenmasse heben.

Speckknödel

gerollt

Tiroler Semmelknödel mit Speck

Knödel gibt es in allen erdenklichen Varianten – süß, pikant, schlicht, aufwendig und, und, und. Ein Klassiker in der Herbstzeit sind Speckknödel. Ihnen werden in vielen Regionen deshalb im Herbst die „Knödelwochen" gewidmet.

4 Portionen | Zeit: 45 Minuten

Zutaten

1 Zwiebel
etwas Butter
2 EL Petersilie (gehackt)
200 g Semmelwürfel
¼ l Milch (lauwarm)
2 Eigelb
1 Ei
150 g Karreespeck
4 EL Mehl
Salz & Pfeffer
50 g Butter (zum Schwenken)
Bergkäse/Parmesan
zum Verfeinern

Zubereitung

Die Zwiebel schälen und fein würfeln. Butter in einem Topf erhitzen und die Zwiebelwürfel darin kurz glasig dünsten. Die Petersilie fein hacken und dazugeben. Die Semmelwürfel in eine Schüssel geben und mit der lauwarmen Milch übergießen. Eier, Zwiebelwürfel und Petersilie unterheben.

Den feinen Karreespeck würfeln und ein paar Esslöffel zum Garnieren beiseite stellen. Den Rest mit dem Mehl unter die Masse heben und mit Salz und Pfeffer würzen. Rund 15 bis 20 Minuten rasten lassen.
Reichlich gesalzenes Wasser in einem großen Topf erhitzen. Mit feuchten Händen Knödel aus der Masse formen und die Knödel in siedendem Salzwasser 15 Minuten ziehen lassen. Mit einer Schöpfkelle aus dem Wasser holen, abtropfen lassen und kurz in heißer Butter schwenken. Den übrigen Speck kurz in etwas Butter knusprig anbraten und die Knödel damit garnieren. Geriebenen Parmesan oder Bergkäse über die Knödel reiben und heiß servieren.

Catrin's Tipp

… gelingen gut im Dampfgarer.

Sauerkrautlabern

mit Erdäpfeln & Kren

deftig

Um Sauerkraut schnell selbst herzustellen, einfach einen Kohlkopf je nach Größe sechsteln oder achteln und mit einem starken (Multi) Zerkleinerer, zum Beispiel mit dem Aufsatz der Kenwood Chef Titanium Küchenmaschine, in Sekundenschnelle hobeln.

8 Laibchen | Zeit: 30 Minuten

Zutaten

250 g Sauerkraut
450 g Erdäpfel
3 EL Mehl
3 EL Kren (frisch gerieben)
75 g Crème fraîche
Salz & Pfeffer
1-2 Zweige Thymian
3 EL Butter (zum Ausbacken)

schnelles Sauerkraut
1 Kopf Weißkohl
1 Zwiebel (groß)
2 EL Olivenöl
300 ml milder Essig
(z.B. Apfelessig)
150 ml Most/Cider
1 EL Salz
½ TL Kümmelkörner
einige Wacholderbeeren
1 Lorbeerblatt

Zubereitung

Für das schnelle Sauerkraut den Kohl in Stücke teilen und sehr fein hobeln. Die Zwiebel schälen, putzen und fein würfeln. Das Öl in einem Topf erhitzen und die Zwiebelwürfel darin glasig dünsten. Den Kohl, Essig, Most, die Gewürze und das Salz hinzufügen und für rund 30 bis 35 Minuten auf mittlerer Hitze zugedeckt köcheln lassen. Nach der halben Kochzeit etwas Wasser nachgießen. Das Sauerkraut frisch genießen, weiterverwenden oder sofort in sterile Gläser füllen.

Das Sauerkraut ausdrücken und fein hacken. Die Erdäpfel schälen, fein reiben und ausdrücken. Das Sauerkraut mit den geriebenen Erdäpfeln, dem Mehl, dem geriebenen Kren und der Crème fraîche vermischen. Mit Salz und Pfeffer würzen. Den Thymian von den Zweigen zupfen und ebenfalls unter die Masse heben.

Aus der Masse Laibchen formen. Die Butter in einer Pfanne schmelzen. Die Laibchen nach und nach darin von beiden Seiten auf geringer Hitze mit Deckel goldbraun ausbacken.

Catrin's Tipp

Die Masse lässt sich gut in der Küchenmaschine mit einem Knethaken zubereiten.

Dampfnudeln

mit Vanille-Mohn-Butter

luftig

Dampfnudeln sind ein ideales Dampfgarer-Rezept. Dafür den Miele Dampfgarer auf 100 °C mit 100 % Feuchte vorheizen. Drei Lochbleche mit etwas Sonnenblumenöl einpinseln und die Dampfnudeln auf den Lochblechen im vorgeheizten Dampfgarer je nach Größe für 20 bis 25 Minuten dämpfen.

8 Dampfnudeln | Zeit: 1 Stunde 30 Minuten

Zutaten

50 g Butter
260 ml Milch
30 g Germ
500 g Mehl
3 EL Staubzucker
2 Eier (Größe L)

Garnitur

175 g Butter
1 Vanilleschote
100 g Mohn
40 g Staubzucker

Zubereitung

Für die Dampfnudeln die Butter schmelzen und mit der Milch verrühren. Germ in der Butter-Milch-Mischung auflösen. Die restlichen Zutaten in eine Schüssel geben und in der Küchenmaschine oder mit den Händen zu einem Germteig verkneten.

Den Teig im Backofen zugedeckt bei 40 °C Heißluft für 30 Minuten bis eine Stunde aufgehen lassen. Den Teig auf einer bemehlten Arbeitsfläche kurz durchkneten. Acht runde Knödel aus dem Teig formen.
Etwas Wasser in einem großen Kochtopf mit Dämpfeinsatz erhitzen. Die Knödel darin für 30 Minuten dämpfen.

Für die Garnitur: Die Butter schmelzen. Die Vanilleschote auskratzen und das Vanillemark in die geschmolzene Butter einrühren. Den Mohn mit dem Zucker vermischen. Die warmen Dampfnudeln in tiefen Tellern anrichten. Mit reichlich geschmolzener Vanille-Butter und der Mohn-Zucker-Mischung garnieren.
Dazu passen Grant‘n (Rezept siehe Seite 202) und kandierte Walnüsse (Rezept siehe Seite 250).

Catrin's Tipp

Die Dampfnudeln können beliebig mit Powidl oder Marmelade gefüllt werden.

Gebackene Mäuse

mit Apfel-Mango-Mus

Kindheitserinnerung

Es gibt Gerüche, Geschmäcker und Gerichte, die schmecken nach Kindheit pur. Stehen sie warm am Tisch, sorgt ihr guter Duft dafür, dass die Familie nicht lange auf sich warten lässt. Der Geschmack der Kindheit lässt uns wohlfühlen und lockt Groß und Klein.

4 Portionen | Zeit: 1 Stunde

Zutaten

170 ml Milch
20 g Germ (frisch)
280 g Mehl
30 g Staubzucker
3 Eigelb
60 g Butter (flüssig)
500 ml Öl (zum Frittieren)

Apfel-Mango-Mus

500 g Äpfel
1 Mango
2 Pkg. Vanillezucker
etwas Vanillemark
½ TL Zimt
2 EL Zitronensaft

zum Servieren

Apfel-, Birnen- oder Fruchtmus
reichlich Staubzucker

Zubereitung

Die Milch lauwarm erhitzen, Germ einrühren. Mehl, Zucker, Eigelb und die geschmolzene Butter mit der Milch-Germ-Mischung (am besten mit der Küchenmaschine) verkneten. Anschließend an einem warmen Ort (alternativ im Ofen zugedeckt bei 40 °C Heißluft) für rund 45 Minuten aufgehen lassen.

Das Öl in einem mittelgroßen Topf erhitzen. Aus dem aufgegangenen Germteig mit einem Esslöffel Nocken abstechen und diese nach und nach in heißem Fett ausbacken. Auf ein Küchentuch legen und bis zum Servieren im Ofen warmhalten.

Am besten schmecken die gebackenen Mäuse, wenn sie noch warm mit Staubzucker bestreut serviert werden.

Für das Apfel-Mango-Mus die Äpfel schälen, vom Kerngehäuse befreien und in Stücke schneiden. Die Mango schälen und würfeln. Apfel- und Mangostücke in einen Topf geben. MIt Vanillezucker, Zimt, Vanillemark und Zitronensaft abschmecken. Mit rund 125 ml Wasser aufgießen und auf mittlerer Stufe für rund 10 Minuten einköcheln lassen. Anschließend fein pürieren.

Catrin's Tipp

Dazu passt ein Glas Milch.

Topfennockerl

mit Nuss-Bröseln

Topfennockerl gelingen besonders gut im Miele Dampfgarer. Dafür ein Lochblech mit Klarsichtfolie auslegen. Den Dampfgarer auf 100 °C mit 100 % Feuchte vorheizen und die Topfennockerln darin für zehn bis zwölf Minuten dämpfen.

2 Portionen | Zeit: 35 Minuten (ohne Ruhezeit)

Zutaten

15 g Butter
250 g Topfen
150 g Crème fraîche
1 Ei
3 EL Grieß
2 EL Maisstärke
1,5 EL Staubzucker
1 Prise Salz
Mark einer Vanilleschote

Nuss-Brösel

30 g Butter
100 g (Vollkorn-)Semmelbrösel
30 g Haselnüsse (gerieben)
½ TL Zimt
reichlich Staubzucker zum Servieren

Zubereitung

Die Butter schmelzen. Den Topfen mit der Crème fraîche, der geschmolzenen Butter, dem Ei, Grieß, Maisstärke, Staubzucker und einer Prise Salz zu einem Teig vermischen. Das Mark einer Vanilleschote auskratzen und unter den Teig mischen.

Den Teig für eine Stunde im Kühlschrank rasten lassen.

Etwas Wasser zum Sieden bringen. Alternativ: Die Knödel im Dampfgarer zubereiten.

Mit zwei nassen Esslöffeln Nocken aus dem Teig abstechen und für zehn bis zwölf Minuten im heißen Wasser garen.

Die Butter in einer Pfanne schmelzen. Die Brösel und Nüsse zur Butter geben und anrösten. Mit Zimt abschmecken. Die Topfennockerl abtropfen lassen, in den Bröseln wälzen und mit Staubzucker bestreut servieren.

Catrins Tipp

Dazu passt ein Klecks hausgemachte Preiselbeermarmelade.

Christstollen

mit Likör

weihnachtlich

Schon im 14. Jahrhundert wurden Stollen, ursprünglich „Christbrote“ genannt, zubereitet. Die Pfostenform des Stollens, dick mit Staubzucker bedeckt, soll an das eingewickelte Christkind erinnern.

2 Stollen | Zeit: 1 Stunde 30 Minuten

Zutaten

750 g Mehl
1 Würfel Germ
150 ml Milch (lauwarm)
1 Pkg. Butter (entspricht 250 g)
100 g Zucker
2 Eier (Größe M)
2 Eigelb (Größe M)
100 ml Schoko-Nuss-Creme-Likör (alternativ Eierlikör)
1 Pkg. Aranzini (entspricht 200 g)
70 g Cranberries (getrocknet)
50 g Butter
100 g Staubzucker

Zubereitung

Das Mehl in eine Schüssel geben. Germ zerbröseln, in der lauwarmen Milch auflösen und zum Mehl hinzufügen. Den Vorteig an einem warmen Ort zugedeckt rund 15 Minuten gehen lassen.

250 Gramm Butter schmelzen und mit dem Zucker, den Eiern und Eigelben verrühren. Den Likör einkneten. Zugedeckt an einem warmen Ort rund drei Stunden gehen lassen, bis sich der Teig verdoppelt hat.

Den Teig auf einer bemehlten Arbeitsfläche kurz durchkneten, die Aranzini und die getrockneten Cranberries einkneten. Nochmals zugedeckt ungefähr zwei Stunden gehen lassen.

Den Backofen auf 180 °C Heißluft vorheizen. Den Teig erneut kurz durchkneten, auf ein mit Backpapier belegtes Backblech geben und oval ausrollen.

Eine Längsseite einschlagen, sodass die klassische Stollenform entsteht. Zugedeckt weitere 15 bis 20 Minuten gehen lassen. Den Christstollen im vorgeheizten Backofen bei 180 °C Heißluft backen. Nach 15 Minuten Backzeit die Temperatur auf 160 °C reduzieren und weitere 45 Minuten backen. Aus dem Ofen nehmen. Die restliche Butter schmelzen, den Christstollen sofort damit bestreichen und dick in Staubzucker wälzen.

Catrin's Tipp

Den Teig zugedeckt im Ofen bei 40 °C aufgehen lassen.

Spekulatiusgugelhupf

überliefert

für die Advents- & Weihnachtszeit

1 Gugelhupf, 12 Stück | Zeit: 1 Stunde

Zutaten

6 Eier
350 g Staubzucker
170 ml Öl
170 ml Milch
130 g (Vollkorn-)Semmelbrösel
280 g Mehl
½ Pkg. Backpulver
½ TL Lebkuchengewürz
1 TL Zimt
½ TL Spekulatiusgewürz

Butter für die Form
Semmelbrösel für die Form

Zubereitung

Die Eier und den Staubzucker schaumig rühren. Das Öl und die Milch langsam einrühren. Anschließend die Semmelbrösel unterheben. Das Mehl und das Backpulver vermengen und mit einem Schneebesen unter die Masse rühren. Die Gewürze in den Teig einrühren.

Die Gugelhupfform mit Butter ausfetten und mit den Semmelbröseln auskleiden. Die Masse in die Gugelhupfform füllen und im vorgeheizten Ofen bei 175 °C Heißluft 45 Minuten backen.

... statt Kekserln.

Lebkuchentorte

dekorativ

Schoko-Naked-Cake mit Lebkuchencreme

Wiener Gelbzucker punktet mit dem unvergleichlich malzigen Aroma durch die Reste des Zuckerrübensirups. Besonders beliebt ist er in Lebkuchen, Stollen und Keksen. Er ist aber auch beim BBQ in Rubs und Würzmischungen sehr beliebt!

1 Torte, 12 Stück | Zeit: 1 Stunde 10 Minuten

Zutaten

für 3 Tortenböden
200 g Butter
320 g Mehl
2 gehäufte EL Backkakao
¾ Pkg Backpulver
180 g Wiener Zucker
Gelbzucker
1 TL Zimt (gemahlen)
2 EL Lebkuchengewürz
etwas Salz
4 Eier (Größe L)
4 EL Honig
230 ml Buttermilch/
Trinkjoghurt Natur

Creme
500 ml Schlagobers
2 EL Nuss-Nougat-Creme
50 g Wiener Zucker
Staubzucker
1 Pkg. Vanillezucker
Mark einer Vanilleschote
1 TL Lebkuchengewürz
1,5 EL Backkakao
5-6 EL Grant'n
(Preiselbeermarmelade)
Rezept siehe Seite 202

Zubereitung

Den Backofen auf 170 °C Heißluft vorheizen. Drei Springformen mit Backpapier auslegen. Die Eier mit dem Gelbzucker mehrere Minuten aufschlagen, bis eine dickliche Creme entsteht. Die Butter schmelzen. Das Mehl mit Kakao, Backpulver, Zucker, Zimt und Lebkuchengewürz sowie Salz in eine Schüssel geben. Die geschmolzene Butter, die Eier, den Honig und die Buttermilch nach und nach unterrühren. Unter Rühren nach und nach die Mehlmischung unterrühren, bis ein gleichmäßiger Teig entsteht.

Den Teig auf die drei Springformen aufteilen. Die Tortenböden im vorgeheizten Backofen für 25 bis 30 Minuten backen (Nadelprobe machen). Noch heiß aus der Form lösen und stürzen. Anschließend auskühlen lassen.

Für die Creme den Schlagobers cremig aufschlagen, die Nuss-Nougat-Creme unterrühren. Den Zucker und den Vanillezucker unterrühren. Das Mark einer Vanilleschote auskratzen, mit dem Lebkuchengewürz und dem Backkakao unter die Creme heben.

Einen Tortenboden mit Preiselbeermarmelade und einem Drittel der Creme bestreichen und die Tortenböden und die Creme abwechselnd übereinander schichten. Dabei auf jeden Tortenboden eine dünne Schicht Preiselbeermarmelade streichen. Mit Preiselbeermarmelade und Creme abschließen.

Mit einem Spachtel die Creme an den Rändern abziehen, sodass der typische (Semi) Naked Cake Look entsteht. Die Torte für mehrere Stunden im Kühlschrank durchziehen lassen.

Rezept für kandierte Nüsse auf der folgenden Seite.

Kandierte Nüsse

Knabberei

Für 1 Portion zum Naschen oder als Tortenbelag

Zutaten

kandierte Nüsse

100 g Nüsse
100 g Wiener Zucker Feinkristallzucker
1 Schuss Wasser

zum Dekorieren

Rosmarinzweige
1 Handvoll Cranberries (frisch)

Zubereitung

Für die kandierten Nüsse den Zucker mit dem Wasser in einem Topf aufkochen, dabei ständig umrühren. Einkochen lassen, bis ein Sirup entsteht. Die Nüsse hinzufügen und kurz im Sirup schwenken. Auf ein mit Backpapier belegtes Backblech zum Trocknen geben.

Vor dem Servieren die Torte mit den frischen Rosmarinzweigen, den kandierten Nüssen und optional ein paar frischen Cranberries garnieren.

Wer den Naked Cake als trendigen Drip Cake zubereiten möchte, kann eine Ganache aus 150 Gramm Schokolade und 100 Milliliter Schlagobers zubereiten, indem die Zutaten eingeschmolzen werden und lauwarm vorsichtig über die ausgekühlte Torte gegossen werden. Der Drip sollte langsam über die Ränder laufen.

Catrins Tipp

Kandierte Nüsse können mit jeder Nusssorte zubereitet werden.

Gstockte Rührmilch

verführerisch

Buttermilch-Pannacotta mit Nuss-Crumbles

6 Portionen | Zeit: 35 Minuten (ohne Ruhezeit)

Zutaten

1,5 Pkg. Gelatine (granuliert)
230 ml Milch
325 ml Buttermilch
300 ml Schlagobers
60 g Staubzucker

Nuss-Crumbles

60 g Butter (kalt)
70 g Nüsse (gerieben)
40 g brauner Zucker
60 g Mehl
Mark einer Vanilleschote
½ TL Zimt
½ Granatapfel

Zubereitung

Die granulierte Gelatine laut Packungsanleitung in kaltem Wasser für rund zehn Minuten quellen lassen. Die Milch mit dem Schlagobers in einem Topf erhitzen. Den Zucker einrühren und verkochen lassen. Die Mischung vom Herd nehmen und etwas auskühlen lassen. Die Gelatine nach und nach einrühren. Die Buttermilch unter die Mischung heben. In kleine Tassen oder Glasschalen geben und für mindestens sechs Stunden oder über Nacht im Kühlschrank fest werden lassen.

Für die Nuss-Crumbles die kalte Butter in Stücke schneiden, mit den restlichen Zutaten verkneten und auf einem mit Backpapier belegten Backblech verteilen. Die Crumbles im vorgeheizten Backofen für 20 bis 25 Minuten knusprig backen.

Den Granatapfel in einer Schüssel mit eiskaltem Wasser auslösen. Die Buttermilch-Pannacotta mit den ausgelösten Granatapfelkernen und den (optional noch warmen) Nuss-Crumbles garniert servieren.

Catrins Tipp

Wer mag, kann statt der Nuss-Crumbles auch Spekulatius-Crumbles für die Weihnachtszeit zubereiten. Dafür Spekulatius zerkleinern und statt der Nüsse in die Crumbles mischen.

Verkehrter Zitruskuchen

aufmunternd

Upside-Down-Zitronen-Orangen-Limetten-Kuchen

1 Kuchen, 12 Stück | Zeit: 1 Stunde 10 Minuten

Zutaten

140 g Zucker
3 Eier (Größe L)
2 EL Honig
200 ml BONA Geschmacksöl Zitrone
1 Prise Salz
Zeste ½ Bio-Zitrone
1 Vanilleschote
50 ml Rum
200 g Mehl
1 Pkg. Backpulver
230 g Mascarpone
1 Bio-Orange
2 Bio-Zitronen
2 Bio-Limetten

Zubereitung

Den Zucker mit den Eiern in der Küchenmaschine einige Minuten schaumig schlagen, bis eine dickliche weiße Creme entsteht. Den Honig, das Zitronenöl, das Salz, die Zitronenzesten und das Vanillemark unterrühren. Den Rum hinzufügen, das Backpulver mit dem Mehl vermischen und unter die Masse heben. Zum Schluss die Mascarpone einrühren.

Eine Springform mit 22 bis 24 cm Durchmesser mit Backpapier auslegen. Die Zitrusfrüchte in dünne Scheiben schneiden. Den Boden der Backform gleichmäßig damit auslegen. Die Masse auf den Zitrusfrüchten verteilen und im vorgeheizten Backofen bei 175 °C Heißluft für eine Stunde backen (Nadelprobe machen).

Den Kuchen noch heiß aus der Springform lösen, umdrehen und auskühlen lassen.

Kråpfn

mit Birnen-Vanille-Kompott

Für den idealen Germteig alle Zutaten lauwarm in der Kenwood Chef Titanium Küchenmaschine durchkneten. Den Teig anschließend in der Edelstahlschüssel zugedeckt im Backofen bei 40 °C Heißluft aufgehen lassen. (Germteigsauna!)

12 bis 14 Krapfen | Zeit: 1 Stunde (ohne Ruhezeit)

Zutaten

Birnen-Vanille-Kompott
1 Bio-Zitrone
400 ml Prosecco
(alternativ Weißwein)
275 ml Wasser
100 g Zucker
Mark einer Vanilleschote
2 Zimtstangen
1 TL Gewürznelken
1 Sternanis
4 Birnen (groß)

Krapfen
80 g Butter
500 ml Milch
1 Würfel Germ
(entspricht 42 g)
800 g Mehl
1 Bio-Zitrone
3 Eigelb
50 g Zucker
1 EL Salz
1 Pkg. Vanillezucker
1/16 l Rum
450 ml Sonnenblumenöl
(zum Ausbacken)
reichlich Staubzucker
(zum Servieren)

Zubereitung

Für das Kompott die Bio-Zitrone heiß waschen und die Zesten abreiben. Die Zitronenzesten mit Prosecco, Wasser, Zucker, Vanillemark und den Gewürzen in einem Topf zum Kochen bringen. Die Hitze reduzieren und für circa zehn Minuten zugedeckt auf mittlerer Hitze köcheln lassen. In der Zwischenzeit die Birnen schälen, der Länge nach halbieren und vom Kerngehäuse befreien. Die Birnen in die Prosecco-Zucker-Mischung geben und für zehn Minuten auf schwacher Hitze mitköcheln lassen. Den Topf vom Herd nehmen. Lauwarm oder kalt genießen.

Für die Krapfen die Butter in einem Topf schmelzen. Die geschmolzene, warme Butter mit der Milch verrühren. Die Germ in die lauwarme Butter-Milch-Mischung bröseln und darin auflösen. Die Bio-Zitrone heiß waschen und die Zesten abreiben. Die Butter-Milch-Mischung mit den restlichen Zutaten in eine Rührschüssel geben und mit dem Knethaken der Küchenmaschine oder mit den Händen zu einem glatten Germteig verkneten. Den Krapfenteig zugedeckt im Backofen bei 40 °C Heißluft gehen lassen, bis der Teig die doppelte Größe erreicht hat (rund eine Stunde). Zu 12 bis 14 gleich großen Kugeln formen. Diese auf einem bemehlten Küchentuch für weitere 30 Minuten aufgehen lassen. Wer mag, kann aus dem Teig Donuts formen. Dafür mit einem Schnapsglas oder einem Ausstechring in der Mitte ein Loch ausstechen.

Reichlich Öl in einem Topf auf 160 °C erhitzen. Die Krapfen darin von beiden Seiten ausbacken. Mit einem Schaumlöffel aus dem Fett nehmen und auf Küchenpapier abtropfen lassen.

Die Krapfen noch warm mit frischem Kompott und reichlich Staubzucker servieren.

Catrin's Tipp

Die Krapfen können als süße Variante mit Grant'n (Rezept siehe Seite 202) oder pikant mit Sauerkaut (Rezept siehe Seite 234) als Hauptspeise serviert werden. In der Faschingszeit die Krapfen mit Marillenmarmelade füllen.

Warm ums Herz …

Roter Glühmost

Seelenwärmer

Apfelpunsch

Glühmost ist eine schmackhafte und leichte Alternative zum klassischen Glühwein in der Adventszeit. Verfeinert mit Früchtetee und Gewürzen wird er zum aromatischen Seelenschmeichler.

4 Portionen | Zeit: 20 Minuten

Zutaten

1 l Apfelmost
200 ml Apfelsaft
(naturtrüb & ungesüßt)
80 g brauner Zucker
3 Zitronen
3 Stk. Zimtstangen
1 TL Nelken
1-2 Sternanis
4 EL Früchtetee
2 Äpfel (in Scheiben)

Zubereitung

Die Zitronen in Scheiben schneiden.

Den Most mit dem Apfelsaft in einen Topf geben. Zucker, Zitronenscheiben und die Gewürze hinzufügen. Den Glühmost auf mittlerer Stufe 15 Minuten zugedeckt köcheln lassen.

Nach zehn Minuten den Tee (am besten in einem Teesäckchen) hinzugeben und kurz mitköcheln lassen. Die Gewürze entfernen und den Glühmost mit Apfelscheiben garniert servieren.

Catrin's Tipp

Für eine alkoholfreie Variante den Glühmost mit Apfelsaft und einem Drittel Wasser ersetzen.

Party

Siaß saurer Rotwein

Fruchtige Winter-Sangria mit Granatapfel

Fruchtig, herrlich süffig, mit allen Aromen, die wir im Winter lieben: Zitrusfrüchte, Orange, Granatäpfel und Rotwein. Schmeckt wunderbar und lässt sich für Partys gut vorbereiten.

10 Portionen | Zeit: 10 Minuten (ohne Ruhezeit)

Zutaten

3 Bio-Orangen
2 Bio-Zitronen
½ Granatapfel
1 l fruchtiger Rotwein
200 ml Granatapfelsaft
1-2 Zweige Rosmarin
50 ml Limetten-/Holunderblütensirup (nach Geschmack)
300 ml Soda

Zubereitung

Die Bio-Orangen und die Bio-Zitronen heiß waschen. Den Saft einer Zitrone auspressen.

Anschließend Zitronen und Orangen in dünne Scheiben schneiden. Den Granatapfel (am besten unter kaltem Wasser) in einer Schüssel auslösen.

Den Wein mit Granatapfelsaft, Zitronensaft, Zitronen- und Orangenscheiben, Granatapfelkernen und Rosmarin sowie dem Limetten- oder Holunderblütensirup in eine Karaffe oder eine Bowle-Schüssel füllen.

Gekühlt rund eine Stunde ziehen lassen. Vor dem Servieren mit Soda aufgießen und servieren.

Catrin's Tipp

Die Zitrus-Winter-Sangria kann auch mit Weißwein oder Prosecco zubereitet werden und ist ideal für die Silvesterparty.

About us …

Hinter diesem Buch stehen die 31-jährige gebürtige Lungauerin Catrin Neumayer, besser bekannt als cookingCatrin, und Carletto Ferrari. Die studierte Marketing-Expertin und der Fotograf und Jurist sind privat und auch beruflich ein Paar und Eltern eines gemeinsamen Sohnes (Matteo, geboren 2014). Sie betreiben neben ihren Online-Magazinen das Kochstudio „Die Kuchl" in der Klagenfurter Innenstadt.

© Philipp Horak

CookingCatrin

Als Köchin aus Leidenschaft sind Catrin Neumayer österreichische Gerichte, die sie modern und „gelingsicher" interpretiert, eine besondere Herzensangelegenheit. „Das althergebrachte, ursprüngliche Gespür für Emotionen, für Regionalität und Saisonalität wieder zu wecken, ist mir als Grundgedanke dieses Buchs besonders wichtig gewesen. Bezeichnend für die Richtigkeit dieses Gedankens erscheint mir, dass wir uns – je länger wir am Buch gearbeitet und je mehr wir Rezepte gekocht und fotografiert haben – mehr und mehr Omas Rezeptschatz und vergessenen Klassikern wie Topfenreinkalan, Steirischem Türkentommerl, Frigga oder Kaskrapfen gewidmet haben, die luftiger und moderner interpretiert noch besser schmecken. Genießen und kochen im Einklang mit den Saisonen - dessen müssen wir uns auch in der Kulinarik wieder mehr besinnen."

Carletto Photography

© Philipp Horak

Neumayers Partner ist der gelernte Jurist Carletto Ferrari-Brunnenfeld, der als Fotograf für die Bilderwelt von cookingCatrin verantwortlich zeichnet. Schon während des Studiums kommt er als Model in Mailand, Asien und Deutschland mit der Welt der Fotografie in Kontakt und setzt seine Erfahrungen in der Branche dann im Laufe der Zeit hinter der Kamera um. Mit seiner Food Photography hat er bereits mehrere internationale Preise gewonnen. „Food Photography ist heute viel mehr als das Ablichten einer Speise oder deren Zutaten. Food Photography ist eine ganz intensive, visuelle Emotion, die durch optische Reize beim Beobachter Stimmungen fördert – egal ob das bei kulinarischen Reisen, bei der Food Photography im Studio selbst oder durch Mood Shots von Zutaten geschieht. Schließlich ist es ja nicht nur durch das Essen allein, sondern eine gesamtheitliche Gestaltung des Sets, von Licht und Geschirr über den Hintergrund beziehungsweise die Umgebung bis hin zu verschiedensten Accessoires. Beim vorliegenden Buch hat sich die enge private und berufliche Partnerschaft mit Catrin gezeigt. Durch Teamwork und gemeinsamen Vorstellungen können wir sehr stolz darauf sein, dieses Buch – von den Rezepten über die Grafik bis hin zu den Fotos – ganz nach unseren Vorstellungen umgesetzt zu haben."

Blogazine CookingCatrin.at

2014 – als sie mit ihrem Sohn schwanger war – gründete Catrin Neumayer den Foodblog www.cookingcatrin.at. Seither arbeitet sie als Foodbloggerin, Foodstylistin und Redakteurin. Gemeinsam mit Lebensgefährten Carletto publiziert sie Kochbücher und (Online-)Magazine, veranstaltet Workshops zu kulinarischen und fotografischen Themen und – im eigenen Kochstudio sowie auf kulinarischen Entdeckungsreisen im In- und Ausland – Texte, Bilder und Videos rund um viele kulinarische Themen für nationale und internationale Kunden.

Der Foodblog www.cookingcatrin.at gehört zu den beliebtesten und bekanntesten Foodblogs des deutschsprachigen Raums und ist Grundlage und Inspiration für die Inhalte und Gestaltung des vorliegenden Buches. Im kulinarischen Onlinemagazin gibt es täglich neue Rezepte, viele Ideen rund um Deko- & DIY und das Team nimmt die Leser mit auf ihre Kulinarikreisen. Nachdem das kulinarische Blogazine www.cookingcatrin.at seit der Gründung 2014 vielfach mit nationalen und internationalen Preisen ausgezeichnet wurde, erfüllen sich Neumayer und Ferrari mit ihrem zweiten Buch einen weiteren Traum.

Wir freuen uns, wenn Sie Ihre Fotos und Genussmomente in den sozialen Medien unter #kochgenuss mit uns teilen.

In der Kuchl kochen wir immer besser mit Miele.

Kenwood

zeitlos & zuverlässig

Unsere Partner ...

Miele

In unserem Kochstudio „Die Kuchl" kochen, dämpfen und garen wir auf höchstem Niveau – immer besser mit Miele. Miele und cookingCatrin stehen für hochwertige und nachhaltige Ergebnisse sowie unkomplizierte, schmackhafte Gerichte. So verbindet uns schon seit dem Start des kulinarischen Blogazines eine enge Partnerschaft. Und weil wir uns den Miele Dampfgarer nicht mehr aus unserem Kochalltag wegdenken können, finden sich bei unzähligen Rezepten in diesem Buch auch die Zubereitungsvarianten für den Dampf- oder Kombigarer.

Mein Miele Lieblingsrezept ist der saftige Mohnstriezel (S. 56)

KENWOOD

Gute Küchengeräte sind für mich das Um und Auf beim Kochen! Das gilt für Großgeräte genauso wie für Küchenkleingeräte und Helfer. An unserem Kochstudio-Partner Kenwood schätze ich die Langlebigkeit der Produkte sowie die solide, formschöne Gestaltung bei bester Qualität. Bei uns im Kochstudio sind die Küchenmaschinen täglich vielfach im Einsatz und müssen einen Brotteig mit zwei Kilogramm genauso schaffen wie Teige fluffig aufzuschlagen. Mein Lieblingsgerät: die Kenwood Titanum XL – sie spielt alle „Stückerln" und lässt sich mit unterschiedlichen Aufsätzen und Formen in jede Richtung erweitern.

Meine Kenwood Lieblingsrezepte sind unser Lieblingsbrot (S. 14) – gelingsicheres Vollkornbrot, das ich mehrfach jede Woche backe sowie das Basisrezept für Biskuit (siehe Rezept Erdbeerroulade S. 124), das ich für Naked Cakes, Blechkuchen, Rouladen und Desserts verwende.

MAUTNER MARKHOF 1841

„Ein Würstel ohne Senf ist ein armes Würstel!" Sagt man so in Österreich. So wäre auch dieses Kochbuch mit seinen Rezepten ohne Senf, Kren und den Essigen von Mautner Markhof ein armes Würstel. Ist es zum Glück aber nicht, denn es finden sich zahlreiche Rezepte mit den schmackhaften Essigen und auch fast vergessenen Klassiker wie Hesperidenessig im Buch. Er macht den Salat sauer und das Hollerkracherl prickelnd, das wusste schon Oma.

Mein Mautner Markhof Lieblingsrezept ist die Steirische (Herbst)Pizza (S. 168)

BONA Feinstes Pflanzenöl

Kein österreichisches Kochbuch ohne Schnitzerl! Im letzten Kochbuch haben wir Fisch Schnitzerl gemacht, jetzt sind es zwei weitere Klassiker geworden: Handschnitzerl mit Erdäpfelsalat und Erdäpfel Spinat Schnitzerl. Knusprig und schmackhaft werden diese und viele weitere Gerichte im Buch nach einem Bad im beliebten BONA Öl.

Mein BONA Lieblingsrezept sind die Hollerstrauben – Oma´s Sommerklassiker (S. 108)

... in der Kuchl

Nicht wegzudenken in einem Buch wie diesem: süße Mehlspeisen, flaumige Krapfen und feine Kuchen. Die zahlreichen Nachspeisen- und Dessertrezepte zeigen meine große Liebe zur österreichischen Mehlspeisenküche und Bäckerei. Für die süßen Rezepte mit (den) Wiener Zucker(seiten) hier im Buch gilt: ausprobieren und dahinschmelzen ...
Mein Wiener Zucker Lieblingsrezept ist die knusprige (Sommer)Beerentarte (S. 120)

Schon bei unserer Kochbuchpremiere vor zwei Jahren war SalzburgMilch mit dabei. In der Zwischenzeit hat sich unsere Partnerschaft intensiviert und auf beiden Seiten viel getan. SalzburgMilch gilt als Pionier für Tiergesundheit, die Marke „Premium" steht für höchste Qualität regionaler Produkte und geht keine Kompromisse bei Produzenten und Qualitätsansprüchen ein. Die Produkte aus meiner Heimat, dem Salzburger Lungau, sind gelebte, unverfälschte Regionalität auf höchstem Niveau.
Mein SalzburgMilch Lieblingsrezept sind die Kaskrapfen mit Prosecco-Rahm-Kraut (S. 222)

Ob Backerbsen oder Frittaten, ob Croutons oder Semmelbrösel, das ist Österreich pur. Die Produkte von LAND-LEBEN sind vielfältig und gelingen immer. Mit ihnen lassen sich Salate, Suppen und Co. verfeinern. Semmelbrösel sind für mich statt Mehl eine tolle Zutat für Kuchen – sie schmecken dadurch knusprig und leicht. Nicht umsonst ist Backerbsensuppe das Lieblingsgericht vieler Kinder – wie auch meines Sohnes.
Meine LAND-LEBEN Lieblingsrezepte sind der Spargel mit Vollkornbröseln (S. 42) und der Spekulatiusgugelhupf (S. 246)

Besonders beim Einkauf von Fleisch sind mir das Bewusstsein für Regionalität sowie höchste Produktionsstandards enorm wichtig. Wenn Fleisch, dann heimisch und gewusst woher. Unser Partner für Fleisch und Fisch KARNERTA bietet Kärntner Traditionsprodukte genauso wie moderne Fleischkreationen wie Pulled Meat. Die Marke steht für eine lückenlosen Rückverfolgbarkeit bis zum Bauern sowie Frische und Qualität in allen Bereichen.
Carletto's KARNERTA Lieblingsrezept ist der knusprige Schweinsbauch (S. 228)

Matteo

unserem Sohn, der als Wirbelwind und kleiner Genussspecht dafür sorgt, dass in unserem Leben täglich die Sonne scheint.

Unseren Familien

ohne deren Unterstützung dieses und viele andere Projekte nicht möglich wären.

Antonia

unsere Mitarbeiterin, die mit ihrem Einsatz und ihrer Verlässlichkeit nicht nur dieses Buchprojekt großartig unterstützt.

Unser aufrichtiger persönlicher Dank
für die Erstellung dieses Buchs gilt:

Birgit & Herbert

die bei der grafischen Gestaltung dieses Buchs nicht nur Know-How, sondern auch großes freundschaftliches Engagement und echtes Gespür für unsere Anliegen bewiesen haben.

Isabella Floristik

deren Blumenpracht uns jedes Mal zum Staunen bringt.

Register

Register

Register

Register

Impressum

1. Auflage © 2018
CookingCatrin Food- & Lifestyle GmbH. | Klagenfurt |

Autorin:	Catrin Neumayer
Gesamtkonzept:	Catrin Neumayer & Carletto Ferrari
Fotografie:	Carletto Ferrari
Gesamtgestaltung & Satz:	hanner inc. GmbH
Korrektorat:	Punkt & Komma
Druck:	X-Files Druck-, Consulting- und Produktionsagentur GmbH

Gedruckt in Österreich

ISBN: 978-3-200-05832-3
www.cookingcatrin.at